Vom Flirt zur Beziehung

Verstehen, Verbinden, Vertiefen –
Der praxisnahe Leitfaden für eine glückliche
Partnerschaft inklusive bewährter
Kommunikationstechniken
für eine starke Bindung

Lola Sparks

Bibliografische Information der Deutschen Nationalbibliothek.
Die Deutsche Nationalbibliothek verzeichnet diese Publikation in der Deutschen Nationalbibliografie; detaillierte bibliografische Daten sind im Internet über http://dnb.dnb.de abrufbar.

Für Fragen und Anregungen:
info@eulogiaverlag.de

ISBN print: 978-3-96967-386-7
ISBN eBook: 978-3-96967-385-0

Originale Erstausgabe 2024

Eulogia Verlags GmbH
Gänsemarkt 43
20354 Hamburg

Lektorat: Sandra Pichler
Satz und Layout: Tomasz Dębowski
Cover: Katharina Netolitzky unter Verwendung eines Fotos von Shutterstock – first vector trend

Vom Flirt zur Beziehung

Verstehen, Verbinden, Vertiefen –
Der praxisnahe Leitfaden für eine glückliche
Partnerschaft inklusive bewährter
Kommunikationstechniken
für eine starke Bindung

EULOGIA
VERLAG

Inhaltverzeichnis

Vorwort

„Durch Liebe kann der Mensch das Leben bewusster leben."

LOLA SPARKS

Hast du schon einmal geliebt? Wirst du geliebt?

Du gibst dem Vogel Futter, der vor lauter Schnee nichts finden kann und vor deinem Fenster sitzt und singt.

Du hebst ein Bonbonpapier von der Straße auf und wirfst es in den nächsten Mülleimer, der im Park hängt, weil es sonst gleich in den See geweht wird.

Du lässt ein Auto aus der Parklücke herausfahren, damit es nicht noch länger warten muss. Denn hinter dir fahren noch viele Autos und du weißt nicht, ob jemand anderes so aufmerksam wäre.

Du teilst deine Notizen aus der letzten Vorlesung mit einem Kommilitonen, weil du weißt, er gibt sein Bestes, aber schafft nicht immer alles nachzuarbeiten.

Du übernimmst den Einkauf für deine ältere Nachbarin, die alleine ist und nicht mehr alles machen kann. Ihre Kinder wohnen weit weg.

Du übernimmst das Parkticket für eine Frau, deren Karte nicht funktioniert und die kein Bargeld dabeihat. Sie hat ein Baby auf dem Arm, das schreit.

All das sind Zeichen der Liebe. Jeder trägt sie in sich. Nicht jeder lebt sie aus. Jedes dieser Geschöpfe empfindet Dankbarkeit für deine Liebe. Jeder auf seine Weise.

Liebe ist nicht das, was du erwartest und nicht bekommst. Liebe ist alles, was du schon hast und geben kannst.

In meinem Beruf als Life- und Dating-Coach für Männer bin ich täglich mit den Schmerzen und Leiden der Liebe konfrontiert. Neben unerwiderter Liebe, Zurückweisung und Körben gibt es auch die Liebe, die niemals ausgesprochen wurde und aus der Ferne gelebt wird.

All diese Liebe ist ungenutzte Energie, die ein Stück weit verpufft. Meine Aufgabe ist es, die Energie in die richtigen Bahnen zu lenken.

Ich erzähle Geschichten des Erfolgs und Geschichten des Scheiterns.

Zu jeder Geschichte bekommst du aktive Übungen an die Hand, die dir dabei helfen, deine Beziehungen bewusster zu leben. Das alles funktioniert ohne viel Fachchinesisch oder psychologisches Wissen, das dich überfordert.

Mit meinen Techniken gelingt es dir, die Theorie sofort in die Praxis umzusetzen. Ich zeige dir, wie meine Teilnehmer es bereits geschafft haben, Liebe und Beziehungen in ihr Leben zu lassen.

In einem Jahr schaut sich so mancher um und stellt fest, dass sich so einiges zum Positiven verändert hat. Genau das wünsche ich dir.

Liebe ist so vielfältig und wunderbar; sodass es ein Verbrechen wäre, dieses Buch nicht zu schreiben.

Deine Lola

Alle Geschichten stammen aus meinem Coaching und werden von mir frei erzählt. Die Namen habe ich geändert.

KAPITEL 1

Der Herzschmerz

„Es tut so weh. Ich weiß nicht, ob ich das schaffe", sagt Jonas.

„Möchtest du es denn gerne schaffen?", frage ich mit einem verständnisvollen Blick.
Er überlegt kurz und schaut mich dann mit seinen ehrlichen blauen Augen an. „Ja, ich möchte es schaffen."

„Dann wirst du es auch schaffen", sage ich.

Jonas ist seit drei Wochen bei mir in der Betreuung und hat eine besondere Geschichte zu erzählen.

Seit seiner Kindheit hat er sich immer wieder in Mädchen und später in Frauen verliebt, jedoch hat er sich nie getraut, aktiv auf diese Frauen zuzugehen. Seine Liebe blieb stets unerwidert und er genoss es, sie aus der Ferne zu bewundern. Tag für Tag ging er mit einem Kribbeln im Bauch zur Schule und freute sich auf ihre Anwesenheit. Doch er wusste, dass sie nichts von seinen Gefühlen ahnten. Sein Herz schmerzte, wenn er sie mit anderen Jungen sprechen sah. Oftmals fühlte er sich traurig und enttäuscht, wenn er nach Hause ging, nur um am nächsten Tag wieder dasselbe Schauspiel zu erleben.

So zogen die Jahre ins Land und Jonas blieb unglücklich verliebt in verschiedene Frauen, ohne dass seine Liebe je erwidert wurde.

Auf der Arbeit verschlimmerte sich die Situation noch weiter, denn er hatte eine Vorliebe für Frauen entwickelt, die bereits in einer

Beziehung oder gar verheiratet waren. Für ihn ging von ihnen eine ganz besondere Faszination aus. Denn Frauen an sich waren schon unerreichbar, doch eine vergebene Frau war noch ferner.

Sein Herz sehnte sich so sehr nach Liebe und Nähe, dass es jeden Tag mehr wehtat. Seine Männlichkeit und sein Selbstbewusstsein gab er immer mehr auf und fühlte sich wertlos. Er trug den Glaubenssatz mit sich herum: „Ich werde in diesem Leben keine Liebe bekommen und immer unglücklich verliebt sein."

Doch dann kam die Wendung: Jonas lernte Julia kennen. Er lebt inzwischen seit sieben Jahren mit seiner Freundin zusammen, im letzten Jahr haben sie geheiratet.

Die beiden kennen sich bereits aus ihrer Jugend, aber damals hatte es nie gefunkt. Julia hatte mehr Interesse an Partys und hatte immer Freunde, während Jonas sie aus der Ferne bewunderte.

Eines Tages – er konnte sein Glück kaum fassen – antwortete sie auf seine Nachricht bei Facebook. Auf einen regen Austausch folgte bald das erste Date.

Jonas war damals unglaublich nervös und schüchtern. Er konnte es nicht fassen, dass sie auf seine Avancen eingegangen war. Aus einem Date wurde ein zweites und ein drittes, bis sie schließlich ein Paar wurden. Nichts konnte die beiden trennen.

Nach fünf Jahren Beziehung und unzähligen gemeinsamen Urlauben beschlossen sie zusammenzuziehen – der Beginn einer schier endlos scheinenden Kette an Problemen.

Julia war sehr freiheitsliebend und genoss es, ohne festen Plan loszuziehen. Jonas hingegen war immer noch sehr unsicher und plante lieber alles, um ein Gefühl von Kontrolle zu haben.

Aufgrund dieser Unterschiede kam es häufig zu Streitsituationen. Eines Samstagnachmittags sagte Julia, dass sie in die Stadt gehen würde.

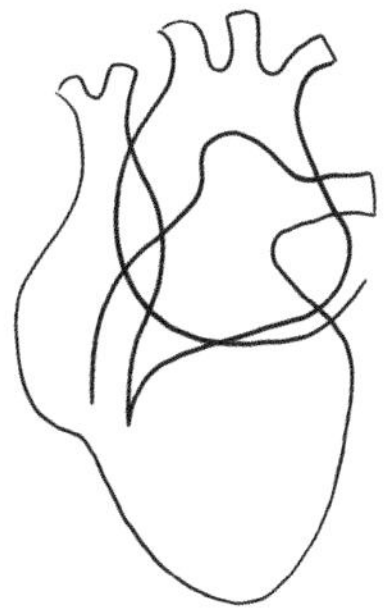

Jonas war außer sich und wollte wissen: „Einfach so? Ohne mich? Hast du dir mal überlegt, was ich heute gerne machen möchte? Du hast nie etwas davon gesagt, dass du heute weggehst, Julia. Mit wem gehst du überhaupt?”

„Ich gehe mit niemandem, ich kann auch alleine in die Stadt gehen und Zeit mit mir verbringen. Ist das so schlimm?“, wollte sie entrüstet wissen.

Julia hatte kein Verständnis dafür, dass Jonas sich wegen ihrer Spontaneität so aufregte. Jonas hingegen empfand es als Beleidigung, dass seine Freundin nicht die ganze Zeit bei ihm sein wollte.

Es wäre für beide einfacher gewesen, wenn Julia verstanden hätte, dass sie innerhalb einer Beziehung etwas mehr Rücksicht nehmen musste. Sie hätte schon am Morgen kommunizieren können, dass sie im Laufe des Tages vielleicht noch in die Stadt gehen würde, um etwas Zeit für sich zu haben, sich aber noch nicht sicher sei. Jonas hätte seinerseits etwas mehr Verständnis dafür haben können, dass Julia nicht wie er alles bis ins kleinste Detail durchplante.

Er könnte sich selbst den Glaubenssatz aneignen: Meine Freundin liebt mich, wir führen seit Jahren eine glückliche Beziehung. Doch sie ist nicht wie ich. Sie braucht ihren Freiraum und weil ich sie liebe, gebe ich ihn ihr auch.

Doch der Streit eskalierte immer weiter, da keiner von ihnen bereit war, Kompromisse einzugehen. Schon flog die erste Anschuldigung durch den Raum.

Jonas beschuldigte Julia, jemand anderen zu haben, und drängte sie, ihn in die Stadt mitzunehmen. Julia war fassungslos und wies diese Anschuldigungen entschieden zurück. Sie wollte einfach alleine sein und Zeit für sich haben, aber Jonas konnte das nicht verstehen, weil er selbst unsicher war und gerne alles minutiös plante. Als Julia dann auch noch seine Schwachstellen traf und ihn verletzte, war Jonas am Boden zerstört. Sie hatten ein schreckliches Wochenende miteinander verbracht und diese schlechte Stimmung nahmen sie sogar mit zur Arbeit am Montag. Obwohl ihre Beziehung so schön sein könnte, fanden sie es schwer, ihre unterschiedlichen Bedürfnisse und Persönlichkeiten in Einklang zu bringen.

Übung

Die Situation von Jonas und Julia ist keine Seltenheit. Viele Streits von Paaren sind geprägt durch Missverständnisse. Durch die eigenen Gefühle fällt es schwer, sich in den anderen hineinzuversetzen. Vor allen Dingen, wenn es sich um verschiedene Beziehungstypen handelt.

Kennst du deinen Beziehungstyp? Aus verschiedenen Studien geht hervor, dass unsere Kindheit uns in Bezug auf unser Verhalten in Beziehungen prägt.

In meinen Coaching-Sitzungen habe ich die letzten 10 Jahre eigene Forschungen angestellt, um zu verstehen, wie sich Männer in Beziehungen verhalten.

Dein Verhalten innerhalb einer Beziehung ist kein Zufall. Auch die Beziehungen zu deiner Familie, deinen Freunden, Arbeitskollegen und Bekannten sind geprägt von deiner Erziehung und dem, was du als Kind empfunden hast.

Wurden deine Bedürfnisse gesehen? Wurden sie dann anerkannt und durftest du sie ausleben?

Eltern sind auch Menschen und nicht unfehlbar. Daher ist es müßig, alle Schuld in der Kindheit zu suchen. Es soll uns lediglich helfen zu verstehen, dass wir nicht durch Zufall so geworden sind. Nach dieser Erkenntnis kommt die eigentliche Aufgabe: als vernünftiger Erwachsener sich dessen bewusst werden und daran arbeiten.

Sonst bleibst du weiterhin eine Marionette, deren Fäden aus der Vergangenheit gezogen werden.

Um zunächst, so wie Jonas, wieder mehr Motivation und Energie für die Zukunft zu haben, ist es wichtig, dass du dir selbst ein Versprechen gibst.

Wie stark kann das Versprechen sein? Wie sehr kannst du es dir selbst deutlich machen, dass du etwas ändern möchtest an der Art deiner Beziehungen?

Unterschreibe heute den Vertrag mit dir selbst. Er soll dir ein Wegweiser sein und deinen Entschluss schriftlich festhalten, dass du ab sofort alles tust, um deine Entwicklung voranzutreiben.

In schwierigen Situationen kannst du ihn herausholen und lesen. Sage dir selbst immer wieder, warum es sich lohnt weiterzumachen. Dieses Buch liest du für niemand anderen, sondern nur für dich selbst.

MEIN VERTRAG MIT MIR SELBST – FÜR MEINE ZIELE ALLES ZU GEBEN

Ich ________________________________ bin mir bewusst, dass ich in meinem Leben schon viel erlebt habe. Das hat mich geprägt und mich zu dem gemacht, der ich heute bin. Das ist auch gut so!

Ich weiß, dass ich mich in einer Situation befinde, in der ich mir sehnlichst wünsche, dass sich etwas ändert.

Ich bin mir über alle Konsequenzen meines Handelns, nicht nur in diesem Jahr, sondern auch für die zukünftigen Jahre bewusst.

Aus diesem Grund treffe ich folgende Entscheidung:

Ich werde ab sofort an meiner Einstellung (Mindset) arbeiten und mich die nächsten Wochen und darüber hinaus meiner Persönlichkeitsentwicklung stellen.

Ich werde an mir selbst als Person ständig weiterarbeiten, um aus meinen Fehlern aus der Vergangenheit zu lernen.

Ich weiß, dass es absolut okay ist, Fehler zu begehen, und dass, wenn ich erst einmal aus einem Fehler gelernt habe, ihn kein zweites Mal begehen möchte.

Mir ist außerdem bewusst, dass ich die derzeitige Situation nicht mehr rückgängig machen kann.

Aus diesem Grund gehe ich heute das folgende Abkommen mit mir selbst ein:

Ich werde ab sofort immer an mir arbeiten und mich selbst reflektieren. Die nächsten Wochen werde ich dies in Unterstützung mit Lola beginnen.

Ich will mein Potential freisetzen, welches ich imstande bin zu geben.

Ich weiß, dass die kommenden Wochen intensiv werden können, aber ich sehe diese Zeit als Herausforderung an.

Als Herausforderung, als Person zu wachsen und mein bestmöglichstes Potential abzurufen.

Als Herausforderung, mir zu beweisen, wie viel Kraft und Energie in mir steckt.

Als Herausforderung, die Zeit, die mir auf diesem Planeten geschenkt wurde, so gut zu nutzen, wie ich kann!

Unterschrift: ______________ Datum: ______________

Sehr gut! Nun hast du einen wichtigen Meilenstein gesetzt für deine Entwicklung.

Weißt du, warum die meisten Menschen immer nur davon sprechen, etwas zu verändern, es aber nie tun?

Ihnen fehlt „der Anfang". Man sieht den Wald vor lauter Bäumen nicht.

Sie beginnen und stoßen an eine Grenze. Die Motivation ist sofort wieder weg.

Es gibt eine Sache, die Motivation immer schlägt. Das ist die Disziplin. Konsequent an seinen Zielen dranzubleiben, ist das Wichtigste.

Der Vertrag mit dir selbst rettet dich davor, aus einer Kurzzeit-Motivation heraus etwas erreichen zu wollen.

Wir erschaffen eine langfristige Disziplin, damit du deine Ziele erreichst.

Wie ging es mit Jonas weiter? Nach der Eskalation war nichts mehr wie vorher. Julia wurde immer kühler und distanzierter. Jonas wusste, wie unglücklich sie war. Sie war wie ein freier Vogel, den er versuchte in einen goldenen Käfig einzusperren. Nach einigen Wochen kam es so, wie es kommen musste. Julia trennte sich von ihm und ein Jahr später ließen sie sich scheiden.

Ich fragte ihn nach einigen Gesprächen, was er an Julia am meisten vermisse. Nach einer längeren Pause sagte er: „Ich weiß nicht. Es hätte ja alles so schön sein können. Wir haben so viel gestritten, aber wenn sie einfach mal mehr auf mich eingegangen wäre …"

Wenn du diese Aussage von Jonas so liest, kommt dir das vielleicht bekannt vor. Das liebe „Hätte-hätte-Fahrradkette"-Spiel. Es hätte so schön sein können, aber …

Merkst du, dass du in Wahrheit gar nicht sie selbst vermisst, sondern vielmehr das, was hätte sein können?

Das, was du dir in deiner Fantasie überlegst hast. Das, was du dir am meisten gewünscht hast.

Aber ganz realistisch: Vermisst du die Konflikte? Das Unverständnis? Das In-der-Luft-Hängen?

Jonas gab ein klares Nein von sich. Er sagte zu mir: „Ich will endlich nach vorne schauen und das aufarbeiten, was ich durch die Beziehung mit Julia immer vor mir hergeschoben habe. Ich dachte mir immer, wenn ich eine Freundin habe, dann kann es ja nicht so schlimm sein mit mir. Dann brauche ich ja wohl doch nicht an mir zu arbeiten." Einige Momente später erkannte er selbst, dass die

Arbeit an sich selbst nichts mit dem Partner zu tun hat, sondern eine Investition in das eigene Leben ist. Seine Augen blitzten auf und die Motivation stand ihm ins Gesicht geschrieben.

Nach einer Trennung und wenn du nicht mehr an dich glaubst, dann hast du dein Leuchten verloren. Dieses Leuchten können auch andere Menschen in dir wachrütteln. Einige kennen es als den „Glow-up"-Trend auf Social Media. Doch der wahre Glow-up findet innerlich statt.

Das, was dir Social Media zeigt, ist nur die Oberfläche. Männer und Frauen, die verlassen werden, dann plötzlich ins Fitnessstudio rennen und 20 kg abnehmen, ihren Style verändern und sich die Haare schneiden lassen. Das ist kein Glow-up. Das ist eine Typveränderung. Leben diese Menschen innerlich genauso ungesund weiter wie zuvor, dann enden sie wenige Jahre oder Monate wieder in ungesunden Beziehungen und sind wieder körperlich unzufrieden.

Unser Motto lautet: Glow-up ja, aber innerlich!

Expertentipp

Du hast dein Leuchten verloren?

Du kommst gerade aus einer Beziehung und hast das Gefühl, sämtliche Energie ist verbraucht?

Vielen Männern geht es so, nachdem sie aus einer langjährigen Beziehung kommen. Egal, ob diese Beziehung nun toxisch war oder ihr euch einfach nur entliebt habt. Es gibt hier keinen Gewinner und es gibt auch keinen Preis für die schrecklichste Beziehung aller Zeiten.

Du brauchst jetzt 5 schnelle Energie-Booster, damit du wieder:

- deinen eigenen Wert erkennst,
- mehr Energie für deine Ziele hast,
- nach vorne schauen kannst,

- Liebeskummer überwindest,
- an dich glaubst und weißt, dass alles gut wird.

5 Energie-Booster auf einen Blick:

1. Nicht mehr funktionieren wollen
2. 14 Tage Auszeit einplanen
3. Ernährung
4. Bewegung
5. Psychische Gesundheit

1. Höre auf zu funktionieren

Nach einer Trennung ist der erste Impuls oft zu „funktionieren“. Vor lauter Funktionieren vergehen bei vielen Männern aber nicht nur Tage oder Wochen, sondern schlimmstenfalls Monate, ohne dass sie sich mit dem eigenen Schmerz und den Zweifeln auseinandergesetzt haben. Es besteht die Gefahr, dass sich der Schmerz festsetzt und zu negativen Glaubenssätzen über sich selbst wird.

„Ich bin langweilig“, „Ich werde nie wieder eine wie sie finden“, „Ich habe keine Kraft mehr“, „Ich bin beziehungsunfähig”, „Ich kann keine Frau glücklich machen“.

Kommt dir das bekannt vor?

Hör auf zu funktionieren und dir die Geschichte deines Scheiterns zu erzählen. Das ist zunächst leichter gesagt als getan. Nimm jetzt ganz bewusst deinen Kalender und blockiere dir die nächsten 14 Tage. Hier wird kein Arzt-Routine-Termin wahrgenommen und es werden auch keine 40 Kundentermine gebucht. Die Garage darf ruhig noch etwas warten, bis sie aufgeräumt wird, und auch die Glasflaschen müssen nicht sofort weggebracht werden.

Sag dir selbst: „Das ist meine Zeit.“

2. Nachdem du deine 14 Tage blockiert hast, beginnt Phase 2: die Ausgestaltung deiner Auszeit.

Möglicherweise kannst du dir sogar Urlaub nehmen und diese Zeit noch bewusster für dich freihalten. Es geht in den 14 Tagen darum, dass du dich selbst wieder zur Nummer eins machst. Wurden wir verlassen oder haben negative Erlebnisse erfahren, dann verlieren wir den Glauben an uns und spielen eher eine Nebenrolle im Leben anderer Menschen. Durch deine 14 Tage erdest du dich und spürst jeden Tag ein bisschen mehr Macht und Motivation über dein Handeln und Denken.

3 verschiedene Säulen sollten in deiner Planung berücksichtigt werden:

1. Ernährung
2. Bewegung
3. Psychische Gesundheit

Diese drei Säulen ergeben in Summe ein tolles Ergebnis für dich.

ERNÄHRUNG

Durch eine neu gewonnene, ausgewogene Ernährung gibst du dir innerlich Energie und dein Körper kann entgiften. Dein Hormonhaushalt wird in Einklang gebracht und dadurch hebt sich deine Stimmung.

Achte darauf, dass du deinem Typ entsprechend Gerichte auswählst, die dir schmecken und die zu deiner Lebensweise passen. Isst du beispielsweise eher Fertiggerichte, dann ist jetzt die Zeit, den Kochlöffel zu schwingen und Neues zu probieren.

Hast du eine bestimmte Allergie oder ernährst dich vegetarisch oder vegan, dann achtest du natürlich weiterhin darauf, nur das zu essen, was du möchtest.

Konsumiere weniger Zucker und greife lieber auf regionales Obst und Gemüse zurück. Fisch und Fleisch in Maßen dürfen natürlich auch nicht fehlen.

In den ersten 1–3 Tagen kannst du dir einen Essensplan für die 14 Tage schreiben. Räume deinen Kühlschrank auf und überlege, welche Zutaten dir noch fehlen für dein Vorhaben. Du kannst auch einen Freund einladen, um an einem Tag zusammen etwas zu kochen.

Setze dich aktiv damit auseinander, was du deinem Körper jeden Tag gibst.

Nach dem Motto „Du bist, was du isst" besteht bei fast jedem Menschen hier und da etwas Optimierungsbedarf. Unzählige YouTube-Videos und Blogartikel über Rezepte und Ernährung helfen dir dabei, dich zu informieren und genügend Inspiration zu bekommen.

Blockiere dir jetzt ganz bewusst jeden Tag Zeiten für die Zubereitung deines Essens. Außerdem kannst du dir für jeden Sonntag eintragen, einen Essensplan für die kommende Woche zu schreiben. Parallel schreibst du dir eine Einkaufsliste über die Zutaten, die noch fehlen, und bist so immer bestens vorbereitet.

BEWEGUNG

Besonders dann, wenn es dir schlecht geht oder du nicht so motiviert bist, bewegst du dich weniger. Du sitzt lustlos zu Hause auf der Couch. Dein Kreislauf fährt runter und dein Herz hat nur wenig zu tun.

Durch diese Trägheit kommen natürlich auch der Kopf und dein Geist nicht in Schwung. Bei der Bewegung geht es darum, dass du die für dich richtige Bewegung findest und sie in Maßen einbaust. Wir wollen keine Extreme schaffen oder dass du etwas machst, das du nicht willst.

Sport verbessert das Körpergefühl. Es steigert die Motivation und die Lust, Neues zu entdecken. Eine Fitnesssession oder ein Spaziergang können deine Stimmung heben. Die dabei ausgeschütteten Hormone wie Serotonin, Dopamin oder auch Endorphin sind eine große Hilfe.

Du heilst, während du gehst. Hier reichen bereits 15–20 Minuten aus, um dich zu erden und dich klarer denken zu lassen. Wenn du jeden Tag diese Bewegung einbaust, wirst du zufriedener sein und dich für neue Herausforderungen bereit fühlen.

Natürlich kannst du auch den Sport weiter machen, den du bisher praktizierst, und die Spaziergänge trotzdem on top machen. Die Natur gibt uns viel Energie und Kraft – vor allem in herausfordernden Situationen.

Trage jetzt in deinen 14-Tage-Plan ein, wann du die Spaziergänge am liebsten machen möchtest. Jeden Tag hakst du deinen Plan ab, wenn du den Spaziergang erledigt hast. Das gibt dir zusätzlich das Gefühl von mehr Macht und steigert deine Motivation, weiter am Ball zu bleiben.

PSYCHISCHE GESUNDHEIT

Jeden Tag bist du deinen Gedanken und auch Gefühlen ausgesetzt. Niemand wirft sich schützend vor dich, wenn du dir mal wieder erzählst, dass du nichts kannst oder niemals Erfolg haben wirst.

Von rund 70.000 Gedanken am Tag sind leider mehr als die Hälfte negativ. Das ist eine ganze Menge.

Aber woran liegt das?

Vor allen Dingen liegt es oftmals an der Gewohnheit. Bist du es gewohnt, schlecht mit dir selbst zu reden, dann kannst du das nicht einfach so mit einem Fingerschnipp abstellen. Hinzu kommen schlechte Nachrichten, die wir im Fernsehen und im Radio hören, und natürlich auch das negative Gerede der Menschen in deinem Umfeld.

In deinen 14 Tagen geht es jetzt darum, diesen negativen Strudel zu unterbrechen. Deine Aufgabe besteht darin, mit Menschen zusammen zu sein, die dir guttun und dir ein positives Gefühl geben.

Siehst du häufiger diese eine schlecht gelaunte Verkäuferin, aber der Laden ist einfach in der Nähe deiner Wohnung? Dann gehst du in diesen 14 Tagen einfach trotz der Entfernung woandershin. Suche nach positiven Orten und Begegnungen mit Menschen, die du noch nie zuvor gesehen hast.

Frage dich ganz aktiv: Wo in meinem Umfeld spüre ich Druck und Negativität?

Mache dir eine Liste und lass die Liste ruhig liegen. Denn je länger du darüber nachdenkst, desto mehr wird dir dazu einfallen.

Im Umkehrschluss fragst du dich jetzt: Wo halten sich positive und glückliche Menschen auf? Bei einer Comedy-Sendung wird selten gestritten oder negative Stimmung verbreitet. Ebenfalls in Fasanerien oder Sportveranstaltungen liegt häufig eine angenehm positive

Stimmung in der Luft. Genauso wie bei Open-Air-Veranstaltungen oder Konzerten.

Auch im Kino, bei einem lustigen Film, ist die Stimmung eher ausgelassen.

Die Aufgabe bei der psychischen Gesundheit besteht nun darin, deine täglichen Fallen zu entlarven, die dich daran hindern, mehr positive Gefühle zu fühlen.

Baue deswegen in deinem 14-Tage-Plan täglich mindestens eine Aktivität oder einen Ort ein, der dir ein positives Gefühl mit nach Hause gibt.

Natürlich kann das auch von zu Hause aus passieren, indem du dir einen lustigen Film anschaust oder dir die 10 besten Witze der Woche durchliest.

In diesen 14 Tagen achtest du darauf, nichts Negatives zu konsumieren, was nicht sein muss. Meldet sich ein Freund bei dir und möchte über einen anderen Freund schlecht reden, den du eigentlich schätzt?

Dann erkläre ihm, dass du nicht zwischen den Stühlen sitzen möchtest und beide sehr zu schätzen weißt. Dass es dir leidtut, dass aktuell Unfrieden herrscht, er sich aber direkt an den Freund wenden soll.

Hast du das Gefühl, bei Familientreffen wird immer nur über Negatives gesprochen und kritisiert? Dann fang an, deine Familie aktiv für einzelne Dinge zu loben und das Positive hervorzuheben.

Sag zum Beispiel: „Sophie, es tut mir leid, dass du aktuell unzufrieden in deinem Job bist, aber ich finde es toll, wie du es dennoch durchziehst. Was, würdest du sagen, hat dich in der Vergangenheit am meisten motiviert, Dinge durchzuziehen? Was ist dein Motivationsgeheimnis?“

Oder auch: „Was sind die drei besten Dinge, die dir in den letzten Monaten passiert sind?“

Es ist gesellschaftlich so stark anerkannt zu meckern, sich zu beschweren und zu lästern, dass viele Menschen gar nicht auf die Idee kommen, dass es da noch mehr gibt. Du kannst für sie der Grund sein, endlich wieder mehr Positives zu fühlen.

Es geht bei der psychischen Gesundheit nicht nur darum, was du fühlst, sondern auch darum, welche Gefühle du bei anderen Menschen auslösen kannst.

Jetzt ist dein 14-Tage-Plan schon mit allen drei Säulen gefüllt und du kannst weiter planen. Gibt es Veranstaltungen, die schon lange geplant sind? Steht ein Geburtstag an?

Gibt es weitere Termine oder Vorhaben, die du noch eintragen kannst?

Immer im Hinblick darauf: Das sind deine 14 Tage, in denen du dich zur Nummer eins machst. Es geht um deine Bedürfnisse und das, was dir Spaß macht.

Nutze den Wochenplan im Workbook

Du hast noch nicht das Workbook parallel zum Buch? Meine Erfahrung hat gezeigt, dass die Männer, die ein Workbook parallel nutzen, ihre Ziele konsequenter erreichen und die neu gelernten Eigenschaften dauerhaft festigen.

Auch dir kann es bei deiner Entwicklung helfen.

Über diesen QR-Code gelangst du zum Workbook auf Amazon.

KAPITEL 2

Hoffnung und Fokus

„Ich werde nie wieder eine Frau finden, die so ist wie sie", sagte Lorenz mir in unserem ersten Gespräch. „Hilfst du mir, sie wiederzubekommen? Das kann doch mit dem anderen Mann nichts werden."

Lorenz ist 38 Jahre alt und wurde vor Kurzem von Sandra verlassen. Sie waren insgesamt fünf Jahre ein Paar.

Sandra lernte einen Mann auf der Arbeit kennen und verliebte sich. Sie trennte sich erst relativ spät, bis ihr klar wurde, dass es nicht einfach nur eine Schwärmerei war.

Lorenz kam nie so richtig auf die Beine. Seiner Meinung nach gab es im Leben nur eine einzige Frau. Diese hatte er an einen anderen Mann verloren.

Es begann alles sehr harmlos. Sandra kam eines Abends vom Büro nach Hause und erzählte beiläufig, dass sie einen neuen Kollegen hatte.

Er sollte sie bei ihrer Arbeit unterstützen und natürlich auch Urlaubsvertretung machen.

„Das ist so toll, dass der Neue da ist, Schatz. Sobald ich ihn eingearbeitet habe, können wir endlich wegfahren – ohne schlechtes Gewissen."

Sandra arbeitete schon lange in der Firma und fühlte sich deswegen sehr verbunden und auch verantwortlich. Deswegen wunderte

sich Lorenz auch keineswegs, dass sie ab sofort mehr Überstunden machte.

Sie ging früher ins Büro und kam auch ein bis zwei Stunden später als sonst nach Hause.

Seit einiger Zeit arbeitete er im Homeoffice und bekam ihre Arbeitszeiten deswegen sehr genau mit.

Ab und zu ging sie nach der Arbeit etwas mit der Abteilung trinken. Dann wurde es noch später.

Eines Mittwochnachts schlich sie sich um ein Uhr leise ins Schlafzimmer.

„Bist du endlich da?", fragte Lorenz verschlafen. „Ja, mein Schatz, wir haben uns verquatscht, schlaf weiter", flüsterte Sandra und kuschelte sich an ihn.

Die Monate zogen ins Land und Sandra war fast nicht mehr zu Hause. Vor allen Dingen mittwochs wurde es immer sehr spät. Zusätzlich begann sie, in einem neuen Fitnessstudio zu trainieren, und war fünf- bis sechsmal die Woche etwa zwei Stunden dort.

„Ich könnte dich ja mal begleiten", sagte Lorenz eines Tages. „Nein, warum das denn? Das ist nichts für dich. Außerdem liegt das bei mir ja auf dem Weg von der Arbeit. Das wäre zu mühselig, sich immer nach dir zu richten. Ich will trainieren, wann ich will, und auch nach der Arbeit am liebsten. Außerdem habe ich immer Kopfhörer auf und will meine Ruhe haben."

Er war also inzwischen zur Belastung geworden, dachte er sich. Immer wieder nahm er sich vor, ein klärendes Gespräch zu führen. Doch er traute sich nicht zu fragen, was los war.

Immer mal wieder erzählte Sandra nach der Arbeit begeistert von Patrick, dem neuen Kollegen. Der inzwischen gar nicht mehr so neu war. Sandra hatte Lorenz anfangs versprochen, dass sie zusammen in den Urlaub fahren würden, sobald Patrick eingearbeitet war. Doch der versprochene Urlaub musste ausfallen, weil sie mit zwei Freundinnen eine Woche wegfuhr. „Das brauchen wir jetzt alle. Einfach nur die Mädels zusammen entspannen."

Am Abend, bevor Sandra in den Urlaub fahren wollte, wurde sie krank. Sie übergab sich mehrmals und konnte kaum gerade stehen. „Dann müssen die Mädels wohl ohne dich fahren. Ich kümmere mich um dich", bot Lorenz fürsorglich an.

Da wurde Sandra wütend und schrie ihn an: „Sei bloß nicht so schadenfroh! Du wolltest von Anfang an nicht, dass ich fahre. Nichts gönnst du mir. Ich bin hier wie eine Aussätzige. Weißt du was? Mir reicht es!"

Unter Tränen verließ sie das Wohnzimmer und torkelte in Richtung Bett.

Lorenz lief ihr hinterher und wollte sie stützen. Sie konnte kaum gerade laufen. Sie schob ihn unsanft von sich weg.

Unter Tränen schaute sie ihn an und sagte: „Wenn du wüsstest."

„Was meinst du?", fragte er entgeistert.

Sandra setzte sich an die Bettkante und holte tief Luft. „Lorenz, hör zu, ich muss dir schon lange etwas sagen. Ich habe mich nicht getraut, aber es muss sein. Ich bin mit dem Herzen schon länger nicht mehr in dieser Beziehung. Ich treffe jemand anderen. Es tut mir leid, aber ich kann und will diese Beziehung nicht mehr führen. Ich habe mich verliebt und ich möchte nicht mehr mit dir zusammen sein."

Jetzt war es Lorenz, der nicht mehr gerade stehen konnte. Er stolperte rückwärts und knallte mit dem Rücken fest gegen den Schlafzimmerspiegel. Der Spiegel zerbrach in 1001 kleine Teile und fiel krachend zu Boden. Er schaute auf den Scherbenhaufen und dann auf seine kaputte Beziehung.

„Wer?", fragte er mit erstickter Stimme. „Wer, Sandra, wer?", seine Stimme wurde wieder fester und auch lauter.

Sandra schaute ihn unsicher an und wusste nicht so recht, ob sie etwas sagen sollte.

Da wusste Lorenz die Antwort bereits. „Nein, oder? Wie kannst du nur, Sandra! Nach all den Jahren! Wie kannst du nur?"

Es wurden unschöne zwei Wochen. Sandra wurde zunächst gesund und fing dann an, ihre Sachen zu packen. Sie zog direkt zu Patrick und trennte sich endgültig von Lorenz.

Sie hinterließ nicht nur beim Schlafzimmerspiegel einen Scherbenhaufen, sondern sein ganzes Leben lag in Scherben.

Sieben Monate nach der Trennung buchte Lorenz das Coaching und fing an, mit mir zu arbeiten.

Kennst du das Gefühl, wenn du glaubst, es kann nicht mehr weitergehen? Es gibt keine Lösung?

Dann wirst du im Ansatz erfassen können, wie es Lorenz am Anfang des Coachings ging.

Übungen Kapitel 2

Liebeskummer tut weh. Liebeskummer ist das, was nach der Liebe kommt. Das, was jeder versucht zu vermeiden.

Liebeskummer ist von außen betrachtet nicht real und äußert sich doch in körperlichen Symptomen, die jeder sehen kann.

Wenn du involviert bist, dann weißt du genau, wie real er wirklich ist.

Was glaubst du, ist die größte Herausforderung, um Liebeskummer zu bewältigen?

Trauer ist ein gesunder Prozess, um etwas zu verarbeiten. Der Schmerz wird weniger, wenn wir ihn zulassen.

Doch was steht uns am meisten im Weg?

Nach 11 Jahren als Coach kann ich dir sagen, was ich am häufigsten sehe. Aus Angst, sie ganz aus deinem Leben zu lassen, hältst du das Letzte fest, was dir von ihr bleibt.

Der Schmerz und das Gefühl von „was wäre wenn“ und „was hätte sein können“. Es gibt dir das Gefühl, dass sie noch Teil von dir ist. Es hält sie wie in einem Vakuum in deinem Leben.

Solange es wehtut und solange du sie in deinen Gedanken hast, ist es nicht so, als wäre sie ganz weg. Als gebe es hier einen Funken Hoffnung, dass sie wieder zu dir zurückkommt. Als würdest du sie und alles, was euch ausgemacht hat, verraten, wenn du über sie hinwegkommst.

Als würdest du sie verraten und all deine Liebe zu ihr, wenn du jemals wieder eine andere Frau lieben wirst.

Zwei meiner ehemaligen Coachingteilnehmer möchten dir gerne etwas mit auf den Weg geben (Namen ebenfalls verändert):

Harald: „Hallo mein Freund. Schön, dass du dir die Zeit nimmst, meine Zeilen zu lesen. Du hast dir vielleicht gedacht, dass auch ich eine unschöne Geschichte erlebt habe. Ich möchte dir mit auf den Weg geben, dass wir immer die Entscheidung haben, wie wir uns in der Beziehung verhalten. Wir sind dem Verhalten unserer Partnerin nicht hilflos ausgeliefert. Durch Lolas Coaching habe ich gelernt, liebevoll für mich einzustehen. Das bedeutet nicht, dass ich meine Partnerin zwinge, meine Ansichten anzunehmen. Es heißt, dass ich verstehe, dass mein Gegenüber keine Gedanken lesen kann. In meiner letzten Beziehung habe ich – weiß Gott! – nicht alles richtig gemacht. Die Anzeichen, dass wir uns auseinanderlebten und sie unzufrieden war, waren sehr früh da. Doch ich habe es immer wieder vor mir hergeschoben und bin nicht darauf eingegangen. Ich war gefangen in meiner kühlen und trockenen Art. Das war ich von meinen Eltern so gewohnt und das habe ich als Erwachsener mit in meine Beziehungen getragen. Mach nicht denselben Fehler wie ich. Öffne dein Herz.“

Simon: „Es gibt mehr als nur eine richtige Frau für dich. Ich war schon oft verknallt, verschossen und auch verliebt. Es geht nicht darum, diesen einen Menschen zu finden, sondern mit dem Menschen an der Liebe zu arbeiten, der bei dir ist.

Ich habe meine Freundinnen alle online kennengelernt. Da war nicht viel Kribbeln und Aufregung. Da waren vielmehr Scham und Hemmungen. Doch mit der Zeit lernte man sich kennen und wurde sich vertraut. Dadurch war es leichter, man selbst zu sein. Aber die Option, dass hinter der nächsten Ecke noch jemand Besseres kommt, hat mir meine Beziehungen immer wieder verbaut. Jetzt lasse ich mehr Dankbarkeit in mein Leben und mein Kopf hängt nicht mehr so viel in der Zukunft. Bist du dankbar?"

Übung: Mehr Fokus durch Loslassen

Ziel der Übung: alte Verletzungen verarbeiten und ein Stück weit gehen lassen

Umsetzung:

Schreibe heute einen Abschiedsbrief. Schreibe ihn an die Person, die dich nicht loslässt. An die, die dir im Kopf herumspukt und dich daran hindert, nach vorne zu sehen.

Bei dem Abschiedsbrief geht es nicht darum, dass du ihn abschickst. Schickst du ihn ab, erwartest du eine Reaktion. Du gibst etwas in die Welt an eine andere Person, weil du möchtest, dass sie über deine Gedanken und Gefühle informiert ist.

Du willst sie damit beschuldigen, dich ins rechte Licht rücken, ihr wehtun, dich rächen oder hast das Gefühl, „sie muss es einfach wissen".

All diese Gedanken führen dazu, dass du trotz Abschiedsbrief nicht wirklich weitermachen kannst. Deswegen ist es bei meiner Übung sehr wichtig, dass du den Brief unter keinen Umständen abschickst.

Du darfst ihn in kleine Fetzen reißen und in die Mülltonne werfen. Dich liebevoll von allem verabschieden und alles gehen lassen, was du in dem Brief in Worte gefasst hast.

Ein letztes Mal erlaubst du dir einzutauchen in den Schmerz, die Enttäuschungen, die Verletzungen. Ein letztes Mal reflektierst du für dich, was passiert ist.

Du wirst merken, dass dies noch einmal viel hochbringt. Viele berichten davon, dass es sich noch einmal so anfühlt, als wäre es frisch passiert.

Doch die Erleichterung ist ebenfalls Teil dieser Übung. Daher ist es wichtig, dass du sie genau so umsetzt, wie ich es dir erkläre.

1. Schaffe eine ruhige und entspannte Atmosphäre.
2. Habe an diesem Tag auf keinen Fall Anschlusstermine; es sollte am späten Nachmittag sein.
3. Nimm dir Papier und Stift (auf keinen Fall am PC tippen, sondern mit der Hand schreiben).
4. Nimm dir so viel Zeit, wie du brauchst, aber versuche den Brief nur mit kurzen Pausen zu schreiben. Es sollte sich nicht über 3 Stunden und auf keinen Fall über Tage ziehen. Nach spätestens 90 Minuten solltest du fertig sein.
5. Lass den Brief eine weitere Stunde geschlossen liegen, schau ihn nicht mehr an. Mache in dieser Zeit etwas anderes (kochen, essen, Sport, fernsehen).
6. Kehre zum Brief zurück und lies ihn ganz bewusst ein letztes Mal. Setze dich dafür nicht hin, sondern bleibe stehen und lies ihn nur ein einziges Mal.

7. Falte ihn zusammen oder zerknülle ihn. Habe keinen Hass auf den Brief, behandle ihn neutral.
8. Wenn du ihn verbrennen möchtest, dann achte darauf, eine feuerfeste Schale zu verwenden und das Feuer niemals unbeaufsichtigt zu lassen.
9. Die Papierfetzen oder verbrannten Reste umweltgerecht und sicher entsorgen.

Zum Abschluss: Sage dir selbst:

All das, was mir widerfahren ist, steckt in diesem Brief und ist ab sofort Teil meiner Vergangenheit. Ich freue mich darauf, ab jetzt nach vorne zu schauen, ich schaue reinen Herzens auf meine Zukunft. Falls ich an die Vergangenheit denke, dann ebenfalls reinen Herzens und mit viel Verständnis und Abstand. Ich habe abgeschlossen und entscheide mich heute in aller erster Linie für mich. Ich danke dir für alles und lasse dich jetzt ziehen.

Dankbarkeitsübung:

Durch Dankbarkeit lässt du sehr viel Zufriedenheit in dein Leben. Es bringt nichts zu sagen: „Ja, ich bin dankbar", und dann lebt man sein Leben einfach weiter. Es geht wirklich darum, sich jeden Tag konkret zu überlegen, wofür man dankbar ist.

Die Dankbarkeitsübung wird dir nicht nur dabei helfen, für die Dinge dankbar zu sein, die bereits in deinem Leben sind. Sie wird dir auch dabei helfen, neue Dinge zu entdecken, die du vorher noch gar nicht wahrgenommen hast, und dich für sie zu begeistern und dankbar zu sein.

Wenn wir in unserem Kopf mehr der Stimme zuhören, die Unzufriedenheit ausdrückt – der Stimme, die dir sagt, was nicht stimmt, was stört oder was du verändern sollst –, dann bist du im Mangeldenken.

Dann denkst du immer wieder in Problemen und bist in deinem Kopf bei den Themen in deinem Leben, die dich stören.

Das ist nicht zu verwechseln mit Zielstrebigkeit, die vollkommen legitim ist. Unzufriedenheit abzulegen, bedeutet nicht, dass wir nicht nach mehr streben dürfen. Es bedeutet, dass du mit dem, was du aktuell hast, unzufrieden bist und keine Dankbarkeit spürst. Das erhöht die Wahrscheinlichkeit, dass du auch nach dem Erreichen eines Ziels wenig Dankbarkeit verspürst oder nur kurz.

Kommt dir das bekannt vor? Du erreichst etwas Tolles oder hast für etwas hart gearbeitet und dürftest jetzt innehalten und stolz sein. Doch stattdessen vergleichst du dich weiter mit anderen oder die Freude hält nur wenige Stunden, Tage oder Wochen an. Dann ist die Unzufriedenheit wieder am Werk und alles beginnt von vorne. Der vermeintliche Drive und Antrieb, den du dadurch erhältst, entpuppt sich in Wahrheit als Bremse.

Denn wer lange unzufrieden ist, kann nicht so viel erreichen und auch sein Leben in der Form nicht genießen, wie es möglich wäre. Aus Angst, dass man dann nicht mehr Vollgas geben kann, wählt man die Unzufriedenheit.

Genau hier liegt der kleine, aber feine Unterschied. Du darfst zufrieden sein, aber musst dich deswegen nicht zufriedengeben.

Du darfst im Hier und Jetzt dankbar und zufrieden sein und dennoch nach mehr streben und Ziele im Leben haben.

Die Dankbarkeitsübung wird dir dabei helfen, plötzlich die kleinen Dinge im Leben mehr zu schätzen. Überlegst du dir jetzt gerade: „Na ja, wofür soll ich denn dankbar sein?“, dann geht es dir wie den meisten, die diese Übung neu in ihren Alltag integrieren.

Die Übung sollte die nächsten 90 Tage täglich umgesetzt werden. Nutze hierfür entweder den Vordruck im Workbook oder lege dir ein eigenes Dankbarkeitsjournal an.

Dankbarkeitsjournal

Vor dem Schlafengehen setzt du dich in Ruhe 5 bis 10 Minuten hin und notierst dir zwei bis drei Dinge, für die du heute dankbar bist.

Es gibt auch eine Steigerung dieser Übung, indem du dir selbst begründest, warum du ausgerechnet für diese Dinge dankbar bist. Außerdem kannst du notieren, worauf du dich am morgigen Tag besonders freust und welches Gefühl die Dankbarkeit in dir auslöst.

Es ist ganz normal, dass du am Anfang wenig bis nichts fühlen wirst. Es kann sich äußern in einem leichten Lächeln; du ziehst unwillkürlich die Mundwinkel hoch, wenn du dein Journal schreibst.

Es kann sein, dass dein Herz danach einfach nur ein bisschen leichter ist und du mit der Zeit merkst, dass du leichter einschlafen kannst.

Es äußert sich aber auch darin, dass du andere Menschen mehr lobst und anerkennst. Denn Dankbarkeit überträgt sich auch auf deine Mitmenschen. Du bist dankbar für deinen Kollegen, der dir diese Woche viel erklärt und geholfen hat?

Normalerweise nimmst du dies schulterzuckend hin und würdest dich nicht explizit dafür bedanken? Ist ja schließlich sein Job.

Doch nun hast du das Bedürfnis, ihm zu sagen, dass er das toll macht und du sehr dankbar für seine Hilfe bist. Das Dankbarkeitsjournal trägt seine Früchte.

Das berichten Teilnehmer der Lola-Sparks-Academy über ihre Fortschritte mit dem Journal:

„Plötzlich konnte ich mich wieder über kleine Dinge freuen. Ich habe das innere Kind wieder entdeckt, das sich freut und unbeschwert ist."

„Mir fallen im Alltag viel mehr schöne Kleinigkeiten auf, die mir früher allenfalls ein Schulterzucken entlockt haben."

„Ich höre mehr, ich sehe mehr, ich schmecke mehr, ich fühle mehr. Ich lebe mehr. Alles ist wie verstärkt."

„Ich freue mich immer mehr darauf, die neue Welt zu entdecken, die mir die Dankbarkeit gebracht hat. Zu viel habe ich all die Jahre für selbstverständlich gehalten und gedacht, das Besondere und Schöne würde nur den anderen zuteil."

Arnold: „10 Jahre volljährig und noch nie eine richtige Beziehung. Ich war frustriert und dachte, es würde nie klappen. Ich steckte mit meinem Kopf so sehr im Mangel, dass ich mein Potential immer kleinhielt und niemandem meine Persönlichkeit zeigte. Gleichzeitig verurteile ich jede Frau, die nicht sofort verstand, wie besonders ich war. Diese Unvereinbarkeit erkannte ich erst durch das Coaching. Es geht nicht darum, die Liebe in der Welt zu finden, sondern die Liebe zu dir selbst."

Tobias: „Endlich Wochenende! Sonntagmorgen neun Uhr. Ich habe gut geschlafen, springe aus dem Bett und freue mich auf meine Walkingrunde im Wald. Das Wetter ist nicht gerade prickelnd, aber das würde mich nie vom Laufen abhalten. So war das nicht immer. Vor ca. sechs Monaten hat sich meine langjährige Lebensgefährtin von mir getrennt. Das war ein Schock für mich. Ich habe die Welt nicht mehr verstanden. Ich war der Meinung, dass wir eine gute Beziehung hatten. Es muss wohl etwas an mir vorbeigegangen sein. Ich fiel in ein tiefes Loch. Unter der Woche habe ich viel gearbeitet und war gut abgelenkt. Die Wochenenden aber waren der Horror."

Ruben: „Ich war schon als Kind eher schüchtern und introvertiert. Es fiel mir immer schwer, Freunde zu finden oder Mädchen anzusprechen. In der Gruppe ging ich unter. Im Erwachsenenalter hat sich das nicht geändert. In der Firma war ich der ‚Hilfsbereite', der gerne Überstunden machte oder Spät- oder Wochenenddienste für die Kollegen übernahm. Auf Partys, Feiern oder am Abend wurde ich nie eingeladen. Es macht mir auch nichts aus, redete ich mir ein. Bis zu dem Tag, als eine neue Kollegin in die Abteilung kam. Ich verliebte mich sofort. Ich hätte mich nie getraut, sie anzusprechen oder Kontakt aufzubauen. Mein Selbstwertgefühl war gleich null. Da wurde mir klar, dass ich etwas in meinem Leben und an mir ändern muss."

Wage es auch und fang heute mit deinem Erfolgsjournal an! **Du findest es im Workbook** im Kapitel zwei.

Fragen für das Dankbarkeitsjournal:

Wofür bin ich heute dankbar?

Warum bin ich dafür dankbar?

Was habe ich heute Neues gelernt?

Welches Gefühl habe ich, wenn ich dankbar bin?

Worauf freue ich mich morgen? /
Warum wird morgen ein wertvoller Tag?

KAPITEL 3

Mach dich frei!

Mach dich frei. Leichter gesagt als getan. Das dachte sich Daniel, nachdem er vor sechs Monaten verlassen wurde und immer noch daran zu knabbern hatte. Eine neue Beziehung? Undenkbar! Viel zu stark saß noch der Schmerz über das Verlassenwerden und das vermeintliche Gefühl, dass er es nicht hatte kommen sehen.

Daniel war wie jeder Mann in seinem Alter ein normaler Mensch, wie er von sich selbst sagte. Mitte dreißig, ging seinem Job nach und fühlte sich in seinem Alltag nicht unbedingt ausgelastet, aber hatte auch nicht das dringende Bedürfnis nach einer neuen Herausforderung.

Genauso lief auch seine Beziehung. Sie verbrachten die Abende miteinander, verbrachten Urlaube gemeinsam und ansonsten ging jeder seinem Tagesablauf nach.

Ab und zu trafen sie Freunde, gemeinsam oder auch alleine. Daniel fühlte sich in Sicherheit und er liebte seine Freundin. Sofia war genauso wie er.

Sie wollte einfach nur ein ruhiges Leben, ihrem Job nachgehen und irgendwann heiraten und Kinder bekommen.

Manchmal dachte Daniel, es ging alles so schnell. Sie hatten sich auf der Arbeit kennengelernt, waren in eine Beziehung gekommen und ein halbes Jahr später zusammengezogen. Das hatte vor allen Dingen praktische Gründe.

Sofia musste ihre Wohnung verlassen und die beiden sahen sich ohnehin fast jeden Tag.

Ihr Umfeld war da eher skeptisch, aber sie wollten es unbedingt machen.

Jeder, der Daniel und Sofia kannte, empfand die beiden als sehr angenehm.

Nicht unbedingt laut oder aufbrausend. Eher zurückhaltend und respektvoll. Ihre Beziehung war nicht geprägt von viel Eifersucht. Ebenso aber auch nicht voller Leidenschaft.

Daniel dachte darüber erst im Coaching nach. Zuvor hatte er sich nie viele Gedanken über seinen Umgang mit Sofia gemacht. Ebenfalls hatte er selbst auch nie darüber nachgedacht, wie sie ihm Liebe zeigte oder ob sie ihm überhaupt Liebe zeigte.

Liebe war für ihn etwas Selbstverständliches. Etwas, das einfach da war oder nicht. Man konnte es nicht lenken oder beeinflussen. Generell war Daniel der Meinung, dass vieles einfach nur Glück war. Nicht unbedingt vom Schicksal geprägt, denn das war ihm schon wieder zu spirituell. Doch er beteuerte immer wieder, dass Menschen in glücklichen Beziehungen ja keinen Einfluss darauf hatten. Es war Glück, ob die Lebenseinstellungen zusammenpassten. Selbst in der Hand zu haben, wie der Erfolg bei Frauen aussieht oder der Erfolg in einer Beziehung, lag ihm fern zu denken.

Er war der festen Überzeugung, dass wenn es irgendwann nicht mehr zwischen Mann und Frau passt, dann war Hopfen und Malz verloren.

Daniel lebte von klein auf unter Menschen, die keine liebevollen Beziehungen führten. Daher lag es auf der Hand, dass ihm zu starke Liebesbekundungen fremd waren und sich seltsam anfühlten.

Er lebte in einer Familie, in der Liebe nicht auf der Tagesordnung stand. Offenkundige Zuneigung zwischen seinen Eltern hatte er nie wahrgenommen und empfand er gedanklich auch als unangenehm.

Umarmt wurde nur selten. An Geburtstagen gab es allenfalls ein Schulterklopfen oder einen feuchten Händedruck.

Mit dieser Prägung ging er als Erwachsener in seine Beziehungen mit der festen Überzeugung, dass Leidenschaft etwas Extremes war, das nur bestimmten Personengruppen wie Künstlern oder seltsamen Menschen vorbehalten war. Für ihn war es nicht Teil oder gar Fundament einer gesunden Beziehung.

Eines Tages setzten sich die beiden zusammen und wollten den kommenden Monat planen. Es standen einige finanzielle Anschaffungen für die Wohnung an.

Sie teilten beides fair auf und legten sehr viel Wert darauf, dass jeder zu gleichen Teilen etwas beisteuerte.

„Daniel, ich muss mit dir jetzt über etwas Unangenehmes sprechen, es tut mir sehr leid. Ich habe vor Kurzem jemanden kennengelernt. Es ist nichts passiert, aber ich fühle mich stark zu diesem Mann hingezogen. Ich habe lange darüber nachgedacht und auch mit Alicia darüber gesprochen. Ich möchte unsere Beziehung beenden. Es tut mir sehr leid. Auch wenn es mit dem anderen Mann angefangen hat, finde ich, dass wir einfach eine lieblose Beziehung führen. Wir sind wie Roboter. Ich möchte das nicht mehr und wünsche mir endlich wieder Leichtigkeit und Leidenschaft. Ich muss mich jetzt von dieser Beziehung frei machen."

Frei machen. Der Satz klang noch lange in Daniels Kopf nach. Die Trennung ging – wie alles in ihrer Beziehung – reibungslos und geplant. Ohne viele Gefühle, ohne viel Streit. Sie erledigten es wie eine Aufgabe auf ihrer To-do-Liste.

Freunde und Familie reagierten überrascht, aber gefasst. Schnell gewöhnten sich alle an die neue Situation.

Daniel blieb in der gemeinsamen Wohnung alleine wohnen. Das Geld war nicht das Problem, davon hatte er genug. Die Wohnung wurde leerer und stiller. Sofia nahm vieles mit.

Später erfuhr er, dass sie mit dem anderen Mann zusammengekommen war. Sie legte sich eine neue Frisur zu und war, laut seinem Kumpel, nicht mehr wiederzuerkennen. Das blühende Leben.

Das passiert also mit einer Frau, wenn sie mit dem Richtigen zusammen ist, dachte Daniel und fuhr sich durch die zerzausten Haare.

Er sah mich im Zoom-Call lange an und sagte nichts. Er seufzte.

„Glaubst du denn, dass die beiden etwas anders machen als ihr in eurer Beziehung?", fragte ich.

„Ich weiß nicht. Vielleicht ist er einfach interessanter als ich", sagte Daniel.

„Fand sie dich denn uninteressant?“, fragte ich.

„Nein, wir teilten viele Interessen. Aber ich interessierte mich nicht für sie. Ich denke, das war das Problem. Ich fühle dazu nicht viele Emotionen. Da ist Leere, wenn ich darüber nachdenke, wie ich sie finde. Wie ich mit ihr lachen kann, mit ihr rumalbern. Einfach Quatsch machen, das konnte ich noch nie. Ein Leuchten in ihren Augen auslösen. Zuhören, was sie braucht, und ihr Wochen später damit eine Freude machen“, schlussfolgerte er.

„Denkst du, das ist der Unterschied zu ihrer neuen Beziehung? Wie würdest du denn all diese Dinge mit einem Wort zusammenfassen?“, fragte ich.

„Leidenschaft“, sagte Daniel wie aus der Pistole geschossen. „Es ist die Liebe am Leben, die Freude über alles, was man zusammen macht.“

Ich gab Daniel die Aufgaben, die ich dir in diesem Kapitel auch mitgeben werde. Einige Wochen später sprachen wir uns wieder und er bemerkte erste Veränderungen.

„Ich hatte neulich mit einem Kumpel so einen Lachflash. Es war so befreiend; das hatte ich noch nie“, freute sich Daniel.

„Loslassen ist ein Prozess. Du spürst jetzt schon die ersten Momente; es wird noch mehr“, bestärkte ich ihn.

„Ja. Auch ich muss mich frei machen“, sagte Daniel und lächelte.

Übungen zu „Mach dich frei“

Reise gedanklich zurück in eine Zeit, in der du dich frei und unbeschwert gefühlt hast.

Mache dazu gerne die Augen zu, spiele etwas Entspannungsmusik und fange mit deiner Kindheit an.

- Welche Hobbys hattest du?
- Wohin bist du in den Urlaub gefahren?
- Welche Feiern hast du mitgefeiert? Geburtstage, Taufen, Hochzeiten etc.

Wenn es dir schwerfällt, dich zu erinnern, dann hole alte Fotoalben heraus oder öffne die Bilder am PC. Lass dich einmal ganz auf diese Zeitreise ein.

Findest du hier ein paar schöne Momente, an die du zurückdenkst?

Dann beginne jetzt eine Liste mit konkreten Situationen, die dich fühlen lassen. Es sollen positive, schöne Gefühle sein.

Freude, Liebe, Spaß, Euphorie, Aufregung, Vorfreude, Dankbarkeit, Gelassenheit, Inspiration, Bewunderung, Stolz, Interesse …

Deine Liste könnte zum Beispiel so aussehen:

- Der Sonnenuntergang in einem wunderschönen Land lässt mich vollkommene Ruhe fühlen, dieser Anblick inspiriert und berührt mich.
- Die Feier mit meinen Freuden lässt mich ausgelassen werden, wir lachen gemeinsam und schaffen tolle Erinnerungen.
- Das Eislaufen fordert mich heraus und gibt mir ein Gefühl von Freiheit und Schwerelosigkeit.
- Usw.

Nun füllen wir deine Liste weiter. Du schließt wieder die Augen und reist weiter in der Zeit in Richtung Gegenwart. Denke an das erste Mal Verliebtsein. Dein erstes Date, deine erste Beziehung. Wie hast du dich gefühlt?

Wir wollen bei dieser Übung die positiven Gefühle einfangen. Deswegen überspringe zunächst alles, was dich nicht direkt positiv fühlen lässt.

Führe die Liste mit positiven Emotionen fort, bis du mindestens 15 Situationen hast.

Dir werden nicht sofort 15 einfallen, das ist ganz normal.

Inspirationsquellen helfen uns hierbei, die Liste weiter zu füllen. Komplett wird sie nie sein, denn ein ganzes Leben reicht nicht, um alles Glück der Welt zu leben. Deswegen mache dir keinerlei Gedanken darüber, wann du die 15 Situationen voll hast. Du kannst ein paar Stunden brauchen oder Tage und Wochen. Alles ist okay und normal. Je länger du dich damit beschäftigst, desto mehr wird dir auch einfallen.

Expertentipp:

Lege dir nicht nur während du dieses Buch liest, eine Liste an, sondern führe diese ein Leben lang fort. Du kannst sie auch in dein abendliches Dankbarkeitsjournal integrieren. Wichtig ist, dass du dir regelmäßig vor Augen führst, dass auch die kleinen Dinge in dir Emotionen auslösen.

Jetzt kommt der aktive Teil:

Nutze ein bis zwei Gelegenheiten pro Woche, dich in diese Emotionen hineinzuversetzen. Damit meine ich nicht, dass du eine Gedankenreise in die Vergangenheit unternimmst, sondern dass du dir bewusst Zeit nimmst, diese Emotionen neu in dir aufleben zu lassen. Du hast sie bereits einmal in deinem Leben gespürt. Sie sind in dein Unterbewusstsein eingebrannt. Wecke sie erneut zum Leben.

Gib dir für diese Übung ein bis zwei Wochen Zeit. Du solltest in dieser Zeit keine neuen Lektionen bearbeiten und dich voll und ganz auf diese wichtige Aufgabe konzentrieren.

Es geht bei deiner Entwicklung darum, dir Zeit zu lassen, damit du dich an die neuen Verhaltens- und Denkweisen gewöhnst. Kennen heißt hierbei nicht Können.

Alles, was wir glauben zu wissen, können wir nur beweisen, indem wir es in unserem Leben aktiv ohne Anstrengung integrieren.

Stell dir vor, dein Zahnarzt sagt dir: „Sie haben Karies, Sie müssen Ihre Zähne besser und regelmäßig putzen"; und du sagst: „Ich weiß, wie man Zähne putzt."

Das grundsätzliche Wissen darüber hilft dir nicht dabei, wenn du es nicht aktiv umsetzt.

Kennen heißt nicht Können.

Sind ein bis zwei Wochen vergangen, dann kannst du in den nächsten Teil dieser Übung übergehen. Dieser Part ist sehr wichtig und hat Daniel sowie unzähligen Männern dabei geholfen, wieder mehr Emotionen in ihre Beziehungen zu bringen.

Ziel der Übung: Entdecke, wie du positive Emotionen bei deinem Gegenüber erzeugen kannst.

Übungspartner: Freunde und Familie (es sollte allgemeines Vertrauen herrschen).

Einstieg in die Übung: Beginne ein „Weißt du noch"-Gespräch.

Du sprichst beispielsweise mit einem guten Freund und erinnerst dich an eine Situation aus eurer Jugend. Sage zu ihm: „Weißt du noch damals, als wir so viel Spaß hatten bei …"

Wichtig ist, dass du nicht nur das Ereignis erzählst, als wärst du einfach nur dabei gewesen, sondern du verdeutlicht durch die Ausschmückung in deiner Erzählung, dass du dabei Spaß hattest, es genossen hast usw.

Dadurch löst du bei deinem Gegenüber aus, dass er sich in deine Emotionen einfindet und selbst darauf etwas erwidert, das wieder eine Emotion in dir auslöst.

Durch diese einfache Übung darfst du erstmals feststellen: Ja, Leidenschaft und Spaß sind auch Teil meiner Persönlichkeit.

Du lernst dich dadurch mehr mitzuteilen und deinen Mitmenschen zu zeigen, wie du fühlst. Durch das Sichtbarmachen deiner Gefühle spürst du sie selbst wieder mehr. Spürst du sie selbst mehr, bist du dir auch in Beziehungen deinem Glück mehr bewusst. Du kannst ausgelassener sein und die Zeit mit deiner Partnerin mehr genießen.

Die Gleichung dieser Übung:

Gefühle sichtbar machen = Gefühle in anderen auslösen = eigene Gefühle verstärken.

Übung für Fortgeschrittene:

In der vorherigen Übung hast du gelernt, wie du Emotionen in anderen Menschen wachrüttelst, die dir bereits vertraut sind.

Nun kannst du anfangen, auch bei neuen Bekanntschaften diese Emotionen gemeinsam zu entdecken. Sie werden dafür sorgen, dass neue Bekanntschaften intensiver sind und du vor allen Dingen Frauen gegenüber einen besonderen Stellenwert bekommst.

Sachliche vs. emotionale Gespräche

Sachliche Gespräche:

- ✦ faktenbasiert
- ✦ ohne viele Emotionen
- ✦ auf das Wesentliche reduziert

→ Sinn von sachlichen Gesprächen ist, an Informationen zu gelangen.

Emotionale Gespräche:

- ✦ erzeugen Nähe
- ✦ zeigen dein wahres Ich
- ✦ helfen dir, andere besser kennenzulernen

→ Sinn von emotionalen Gesprächen: Gefühle erzeugen und Sympathien entdecken.

Es existiert auch eine Mischform dieser beiden Gesprächsstile. Vor allen Dingen, wenn du dich auf der Arbeit mit Kollegen austauschst, die dir sehr sympathisch sind.

Ein Gespräch kann dann zum Beispiel so aussehen:

Mitarbeiter 1: „Wir haben heute um 12 Uhr das Meeting mit dem neuen Kunden. Hast du den Entwurf für seine neue Website bereits abgespeichert?"

Mitarbeiter 2: „Natürlich, ich bin vor einer halben Stunde fertig geworden. Mache jetzt noch den Feinschliff."

Mitarbeiter 1: „Boah, wie schnell du immer bist, Hut ab. Hast wohl eine Nachtschicht eingelegt?"

Mitarbeiter 2: „Ja klar, du bist gestern einen trinken gegangen und ich hab' einfach im Büro geschlafen. Normaler Dienstag." (*Ironie)

Mitarbeiter 1: „Nächstes Mal kommst du wieder mit, du Arbeitstier."

Konntest du erkennen, an welcher Stelle es vom sachlichen Teil in den emotionalen Teil übergegangen ist?

Genau das wollen wir bei dieser Übung verstehen, um aktiv bei Dates und neuen Bekanntschaften auch mit Frauen schnell auf die emotionale Ebene zu kommen.

Wie häufig führst du Gespräche auf der sachlichen Ebene? Übe ab sofort, häufiger auf die emotionale Ebene zu kommen.

Auf diese Weise wirst du bei neuen Bekanntschaften schnell eine Verbindung erzeugen und Frauen bei Dates näherkommen.

Ein weiteres Beispiel aus einem Date, das in der sachlichen Ebene festgefahren ist:

Frau: Mein letzter Urlaub war wirklich toll auf Kreta.

Mann: Wie lange bist du dort gewesen?

Frau: 10 Tage waren es.

Mann: Und wie war das Wetter dort?

Frau: Sehr gut, wir hatten durchgängig 30 Grad.

Mann: Okay sehr warm. Was macht man da den ganzen Tag?

Frau: Schwimmen, sonnen, essen, lesen…normaler Urlaub eben.

Mann: Okay, was liest du denn im Urlaub?

Du merkst dieses Gespräch steckt fest in der sachlichen Ebene. Hier kann weder ein Flirt, noch Anziehungskraft entstehen.

Wie hätte das Gespräch stattdessen ablaufen können?

Frau: Mein letzter Urlaub war wirklich toll auf Kreta.

Mann: Okay erzähl! Warum sollte ich dort unbedingt mal hin?

Frau: Die Insel ist so schön und der Flug geht echt nicht lange. Außerdem habe ich dort ein Hotel gefunden, das super neu und toll aufgeteilt ist. Du hast überall deine Privatsphäre und trotzdem ist es ein All-inclusive-Hotel mit allen Annehmlichkeiten.

Mann: Das klingt sehr erholsam. Ich genieße Urlaub sehr, die einen entspannen lassen. Oder brauchst du mehr Aktion? 😉

Frau: Nein ich entspanne auch einfach gerne und lese viel im Urlaub. Dazu komme ich im Alltag selten.

Mann: Das kann ich so nachvollziehen. So geht es mir auch. Also würden wir 10 Tage nebeneinander liegen mit unseren Büchern und uns charmant anschweigen?

Frau: Haha! Ja genau so ungefähr.

Merkst du, wie schnell ein Gespräch auf der emotionalen Ebene vertrauter werden kann? Bedienst du dich dieser Technik und übst sie immer häufiger, wirst du nie wieder Schwierigkeiten haben den leidenschaftlichen Zugang zu einer Frau zu bekommen.

Expertentipp:

Achte darauf, ob die emotionale Ebene erwidert wird. Kann zum Beispiel die Frau, die mit dir auf einem Date ist, ebenfalls etwas über persönliche Themen erzählen? Oder rutscht sie ebenfalls immer wieder in die sachliche Ebene und fragt wie bei einem Vorstellungsgespräch Fakten ab?

Fragen, mit denen du Menschen aus der sachlichen Ebene herausholst:

1. Wie bist du auf diesen Beruf / auf dieses Hobby gekommen?
2. Was begeistert dich daran am meisten?
3. Was würdest du machen, wenn du jetzt sein könntest, wo du willst?
4. Glaubst du, es gibt eine Sache bei dir, die alles in deinem Leben verändert hat?
5. Worauf bist du dieses Jahr bisher am meisten stolz?

Aber ACHTUNG! Habe auch selbst zu all diesen Fragen eine Antwort parat. Das Gespräch sollte nicht einseitig verlaufen.

Hast du das Gefühl, es fällt ihr schwer, etwas darauf zu antworten? Gar kein Problem. Wichtig ist, dass du immer gelassen reagierst. Erzähle ihr zuerst etwas von dir darüber und lass ihr Zeit, die Frage sacken zu lassen. Wenn du deine Geschichte dazu erzählt hast, dann wirf danach die Frage wieder zurück zu ihr.

Es wird ihr dann leichter fallen, sich zu öffnen und auch etwas zu sagen.

KAPITEL 4

Lass Liebe rein

„Du bist unmöglich! Wie konnte ich nur so lange bei dir bleiben!", schrie Amelie und knallte die Badezimmertür fest zu. Die Bilder an der Wand wackelten.

Dort ging sie immer hin, wenn sie alleine sein wollte.

Erne blieb dann immer erstaunt zurück und verstand nicht wirklich, was das Problem sein sollte. So war das häufig. Auch in seinen früheren Beziehungen. Er machte oder sagte etwas und sie war sofort auf 180. Ab einem gewissen Punkt konnten es Kleinigkeiten sein.

Was war heute passiert? Sie erzählte ihm von ihrem Job und wie unzufrieden sie war. Das war nichts Neues für ihn. Sie sprachen häufig über dieses Thema.

„Kündige doch einfach", hatte er oft zu ihr gesagt. „Das ist nicht so einfach", entgegnete Amelie dann immer.

Für Erne war es einfach. Sie war schlau und vor allen Dingen gut in ihrer Arbeit. Sie würde schnell etwas finden. Es fiel ihm schwer, sich in ihre Angst hineinzuversetzen. Von dem Job hing doch nicht ihr ganzes Leben ab. Außerdem verstand er nicht, warum sie alles mit ihm ausdiskutieren und besprechen musste. Er machte alles einfach mit sich selbst aus. Probleme auf der Arbeit, Streit mit der Familie, Sorgen über Zukunft, Sport, Figur oder andere Dinge. Für ihn gab es keinen Grund, über diese unangenehmen Dinge zu sprechen. Es sollte ja am Ende seine Lösung sein und nicht beeinflusst von anderen ein ganz anderes Ergebnis.

„Teil dich doch mal mit“, bat Amelie so oft. „Ich weiß gar nicht, was in deinem Kopf vorgeht. Ich habe das Gefühl, nach all den Jahren kenne ich dich immer noch nicht. Du bist so fremd, weil du nie Gefühle zeigst, mir nie sagst, was dich beschäftigt und in dir vorgeht.“

„Du weißt doch sonst immer alles besser, dann wirst du das doch auch wissen“, erwiderte er eines Tages schroff. Amelie rannte ins Badezimmer. Und wir waren wieder bei der Situation vom Anfang dieser Geschichte.

Beziehungsunfähig nannte sie ihn dann, wenn sie irgendwann wieder rauskam. Er schenkte nur Unbehagen, Traurigkeit und Unsicherheit. Nichts, was langfristige Liebe stärkte.

Doch woher nehmen und nicht stehlen? Erne war in einer lieblosen Familie aufgewachsen. Hier waren Regeln, Kritik und böse Blicke an der Tagesordnung. Geredet wurde nur, wenn er gefragt wurde. So baute sich sein ungesundes Bild einer Beziehung auf. Wenn er als Kind weinte, wurde er zwar getröstet, aber hauptsächlich von seinen Geschwistern, die etwas weicher waren als seine Eltern. Die deplatzierte Härte der Eltern blieb nicht ungestraft. Seine Geschwister und er mieden es, die Eltern zu besuchen, und auch Telefonanrufe blieben meist aus.

Zum Geburtstag gab es eine kurze SMS und wenn es sein musste, dann ging man zu einem Besuch nach Hause. Der Schein sollte ja gewahrt werden.

Amelie fand das schon immer sehr traurig und bedrückend. Sie empfand ehrlich Mitleid mit der Familie. Doch es half alles nichts, ihre Beziehung mit Erne stand auf Messers Schneide. Sie brauchte täglich die Bestätigung, dass er sie noch liebte. Sie wollte am liebsten 24/7 bei ihm sein. Nur seine Anwesenheit und die Aufmerksamkeit gaben ihr das Gefühl, dass zwischen ihnen beiden alles in Ordnung war. Das war schon immer so bei ihr. Nach ihrem Verständnis musste eine Beziehung so eng sein. Ihren Partner nicht zu sehen

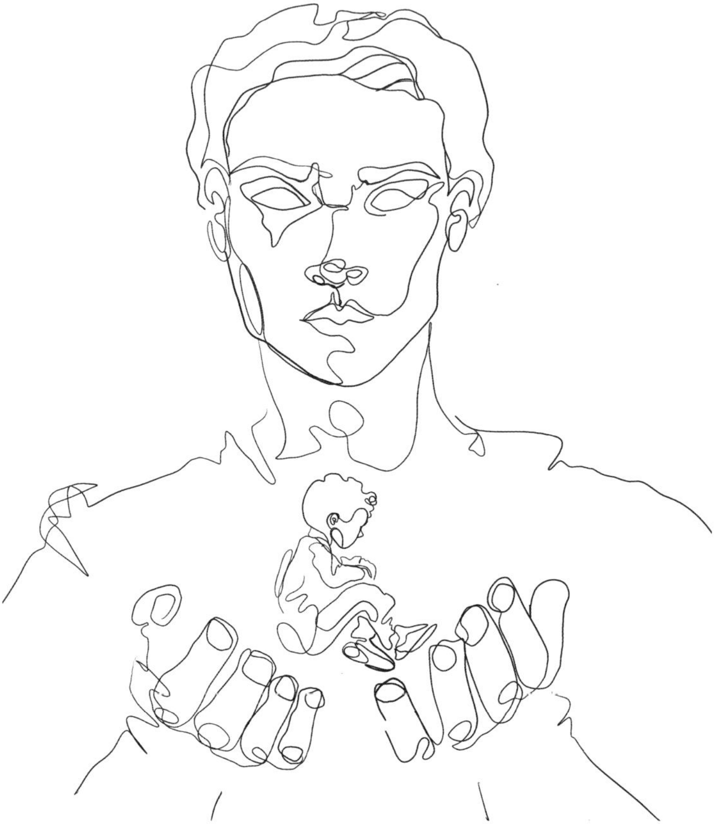

oder zu sprechen, gab ihr ein unsicheres Gefühl. Sie hatte nie verstanden, warum Erne so viel Freiraum brauchte, und interpretierte das als Abweisung ihrer Person. Als würde er sie nicht lieben und nicht gerne bei sich haben.

„Bitte mach eine Therapie", bat sie ihn eines Tages. „Wofür? Damit mir jemand sagt, was mit mir nicht stimmt, und du mich dann zurechtbiegen kannst, wie du mich haben willst?", fragte er und schaute sie böse an.

„Erne, ich bin unglaublich unglücklich und ich halte diese Beziehung nicht mehr aus. Ja, natürlich gibt es Dinge, die mich sehr stören. Vor allen Dingen, dass du keine Gefühle zeigst und dir auch die Gefühle anderer egal sind. Das hat nichts damit zu tun, dass ich dich verbiegen will, sondern dass du den Sinn einer schönen Beziehung wohl noch nicht verstanden hast."

Erne blieb stur und so passierte einige Wochen später das Unausweichliche. Amelie zog aus. Sie war damals in seine Wohnung eingezogen und hatte zuvor bei ihrer Freundin gewohnt. Ihr altes Zimmer bei ihrer Freundin war zum Abstellraum geworden und ihre Freundin nahm sie gerne wieder auf.

Es ging alles sehr schnell. Eine Aussprache fand nie statt. Erne stellte sich wie immer quer und Amelie redete gegen einen Stein. Trauer spürte er dennoch, aber er war sich sehr schnell sicher, dass er jetzt wieder sein Leben genießen könne und sowieso keine Frau brauchte. Er litt nicht tage- oder wochenlang.

Relativ schnell fand er Zerstreuung, traf sich mit anderen Frauen und ging mit den Freunden weg, die er noch hatte.

Viele waren es nicht, denn auch seine Freunde merkten, wie desinteressiert er war. Tiefe Freundschaften entstanden selten. Er musste wirklich starkes Interesse an einer Person haben, damit er sich etwas Mühe gab. Ließ das Interesse nach, dann ließ er auch den Freund wieder links liegen.

„Mit dem kann man Pferde stehlen", das würde niemals einer über Erne sagen.

Auswertung:

Schauen wir uns einmal die Beziehung von Erne und Amelie an. In diesem Kapitel erfährst du, welche vier Bindungstypen oft formuliert werden, inwiefern ich sie in meinem Coaching anwende und auch teilweise abgewandelt habe.

Ein Bindungstyp oder Bindungsstil bezieht sich nicht nur auf eine Liebesbeziehung. Alle Beziehungen in deinem Leben sind geprägt davon. Es beginnt bei den meisten Menschen in ihrer Kindheit. Aufgrund des Verhältnisses, das du mit Mutter und Vater hast oder auch anderen sehr engen Bezugspersonen gegenüber, entwickelst du ein Grundbedürfnis nach einer bestimmten Art und Weise, wie Beziehungen ablaufen müssen. Das erinnert dich daran, wie es von klein auf war, und gibt dir ein Gefühl der Sicherheit. Auf der anderen Seite kann es auch genau das Gegenteil von dem sein, was du in deiner Kindheit erfahren hast.

Amelie beobachten wir in der Geschichte eher als klammernd. Sie hat einen sehr engen Bindungsstil und braucht viel Aufmerksamkeit. Das kann daran liegen, dass sie entweder in ihrer Kindheit vom Vater nicht viel Aufmerksamkeit bekommen hat und deswegen von ihren Partnern immer ein bisschen mehr erwartet. Andererseits kann es auch sein, dass sie als Kind sehr viel Aufmerksamkeit bekommen hat und dieses Gefühl als sehr angenehm empfindet. Wir wollen diese Kategorien nicht in der Theorie über die Maßen intensiv besprechen; das ist an dieser Stelle gar nicht notwendig. Wichtig ist, dass du verstehst, dass dein Verhalten immer eine Reaktion bei deinem Gegenüber auslöst. Dieses handelt nicht nur aufgrund von Vernunft oder rationalem Denken, sondern ist auch in gewisser Weise gesteuert durch vergangene Traumata und Erfahrungen. Der Erwachsene in dir weiß logisch, dass das Verhalten gerade übertrieben oder unpassend ist. Das verletzte Kind in dir versteht das nicht und reagiert in diesem Muster weiter.

Viele Frauen waren schon mit eifersüchtigen Männern zusammen und haben deswegen abgespeichert: Unentwegte Aufmerksamkeit und Kontrolle verdeutlichen, dass er mich sehr liebt. Lernt sie nun einen neuen Mann kennen, der seine Liebe anders zeigt, kann das irritierend sein. Bleibt ein klärendes Gespräch aus, dann ist der Dauerstress in der Beziehung vorprogrammiert.

Ernes Verhalten sowohl Amelie als auch seinen Freunden gegenüber ist unterkühlt und desinteressiert.

Auf den ersten Blick könnte man sagen, dass er keinem Bindungstyp zuzuordnen ist, weil er offenbar ein Einzelgänger ist. Doch in unseren Herzen ist keiner von uns Einzelgänger. Der eine ist gerne häufiger alleine, der andere ist gerne mehr unter Menschen. Doch immer mal wieder genießen wir die Gesellschaft von anderen. Auch eine Beziehung sorgt nicht dafür, dass du plötzlich nie wieder alleine bist. Ebenfalls innerhalb einer Beziehung kann man sich sehr einsam fühlen. Vor allen Dingen wenn man nicht richtig miteinander spricht.

So ging es zum Beispiel Amelie in unserer Geschichte. Ernes Bindungstyp könnte man als vermeidend bezeichnen. Er fühlt nie zu 100 % in sich hinein und hat deswegen keinen Zugang zu seinen Gefühlen zu anderen Menschen. Weil ihm der Zugang zu sich selbst teilweise fehlt.

Dies kann vor allen Dingen daran liegen, weil er als Kind schnell von den Bezugspersonen übergangen wurde. Die Eltern müssen das nicht einmal boshaft gemeint haben. Es kann sein, dass sie Geldsorgen hatten oder auf der Arbeit sehr eingespannt waren. Vielleicht hat Erne auch einige Geschwister und musste die Aufmerksamkeit seiner Eltern immer teilen. Durch die Belastung hatten die Eltern mitunter kein stabiles Nervenkostüm ihren Kindern gegenüber und gaben sich eher unsensibel.

Um sich selbst vor Verletzung zu schützen, geht Erne lieber in Deckung und zieht sich zurück. Um nicht erneut verletzt zu werden oder gar Ablehnung zu erfahren, vermeidet er eine tiefe emotionale Bindung zu Menschen.

Dadurch, dass er emotional nicht verfügbar ist, überfordern ihn bereits die Grundbedürfnisse von Amelie.

Steckbrief „Die 4 Bindungstypen nach dem Psychoanalytiker John Bowlby und deren Mischformen"

Die Bindungstypen wurden vor allen Dingen bei Kindern beobachtet und wie sich deren Verhalten ändert, wenn eine Bindungsperson im Raum ist, den Raum verlässt oder wiederkommt. Diese Prägung liegt deinem Verhalten als Erwachsener zugrunde, wenn du eine Beziehung führst.

Als Kind – oder nach Bowlby auch schon als Baby – hast du eine Strategie entwickelt, wie du dich am besten verhalten musst, damit deine Bezugspersonen in deiner Nähe bleiben. Das, was als Erwachsener davon übrig bleibt, ist dein Verhalten in Beziehungen.

Für mein Coaching nutze ich diese verschiedenen Ansätze, um dir klarzumachen, dass du nicht ohne Grund so bist, aber auch deinen Launen oder Verhaltensmustern nicht für immer und ewig hilflos ausgeliefert sein musst. Wir holen hier das Unbewusste ins Bewusste.

1. UNSICHER-VERMEIDENDER BINDUNGSSTIL

Hier kann man auch sagen, dass dieser Stil ängstlich ist. Bist du unsicher- vermeidend, dann hast du mitunter Schwierigkeiten, längere Beziehungen oder Freundschaften zu führen. Es gibt häufig ein Problem damit, körperliche Nähe und entsprechend auch emotionale Nähe zuzulassen.

Es kann daran liegen, dass du sehr strenge Eltern hattest, die sich dir emotional nicht geöffnet haben. Sie haben kaum Gefühle gezeigt und du hast es ihnen gleichgetan.

Woran du erkennst, ob du dich diesem Bindungsstil zuordnen kannst:

- Du hast häufig Vertrauensprobleme und glaubst, dass dich andere hintergehen.
- Du verspürst oft Eifersucht.
- Du willst unabhängig bleiben.
- Du hast wenige Freunde und bist am liebsten alleine.
- Es fällt dir schwer, dich anderen gegenüber emotional zu öffnen, weil du Angst hast, dich verletzlich zu machen.
- Du drückst nicht gerne deine Gefühle aus.
- Du redest dir häufig ein, dass du keine Frau oder anderen Menschen in deinem Leben brauchst.
- Du hast das Gefühl, andere können häufig Dinge besser als du, und du vergleichst dich (wobei du immer den Kürzeren ziehst).

(Es müssen nicht alle Punkte zutreffen, denn es gibt auch Mischformen, auf die ich gleich zu sprechen komme.)

2. SICHERE BINDUNG

Wie der Name schon verrät, geht es hier um eine sehr sichere Art der Bindung. Sie kann als gesund oder auch stabil bezeichnet werden. Ein Mensch mit diesem Bindungsstil ist in der Lage, auf andere einzugehen, aber auch gleichzeitig seine Bedürfnisse zu kommunizieren. Er gewährt Freiraum, ohne sich klein oder unwichtig zu fühlen. Jemand mit diesem Bindungsstil kann tiefe Beziehungen aufbauen und hat die Fähigkeit, liebevoll mit anderen umzugehen. Es ist eine Beziehung ohne Abhängigkeit, jeder darf seinen Freiraum haben und genießen, ohne dass sich der andere schlecht fühlt.

Woran du erkennst, ob du dich diesem Bindungsstil zuordnen kannst:

- Du hast kein Problem damit, etwas getrennt von deinem Partner zu machen.
- Falls dich etwas stört oder beschäftigt, kannst du das normal mitteilen.
- Du lässt deine Launen nicht an anderen aus.
- Du fühlst dich sicher in deiner Beziehung und vergleichst dich nicht mit anderen.
- Du siehst Menschen mit Talenten nicht als deine Konkurrenz an.
- Du suchst Trost oder Unterstützung, wenn es dir nicht gut geht.
- Du kannst Hilfe annehmen.
- Du vertraust leicht anderen Menschen.
- Du kannst dich selber reflektieren und suchst nicht die Schuld bei anderen, wenn etwas nicht funktioniert.
- Du weißt, dass du Liebe verdient hast.

Der sichere Bindungsstil klingt im Vergleich zu den anderen Bindungsstilen auf den ersten Blick als das Nonplusultra.

Das ist in gewisser Weise auch richtig. Wenn ich Paare befragt habe und deren Bindungsstile analysiert habe, konnte ich feststellen, dass diese mit dem sicheren Bindungsstil ihre Beziehung als viel harmonischer einstufen als Paare mit unsicheren oder ambivalenten Bindungen.

Doch aufgepasst: Es gibt nicht nur Schwarz und Weiß. Einen sicheren Bindungsstil zu haben, bedeutet nicht, dass nicht auch mal etwas schiefgeht oder etwas Negatives vorfällt. Hier betrachten wir vor allen Dingen den Umgang mit Problemen und in welchem Maße man in der Lage ist, positiv in die Zukunft zu schauen.

Der Umgang miteinander ist auf Augenhöhe und Streits werden in der Regel nicht unter der Gürtellinie ausgetragen.

(Es müssen nicht alle Punkte zutreffen, denn es gibt auch Mischformen, auf die ich gleich zu sprechen komme.)

3.UNSICHER-AMBIVALENTE BINDUNG

Dieser Bindungsstil ist dem ersten sehr ähnlich. Er zeichnet sich jedoch stärker durch die Angst aus, dass deine Partnerin nicht immer bei dir bleiben könnte. Somit sind die Beziehungen häufig durch eine Verlustangst geprägt. Der andere Partner wird dadurch ständig unter Druck gesetzt, die Angst auszugleichen, die teilweise grundlos im Alltag entsteht.

Das mag ein schiefes Lächeln sein, ein kritischer Blick ins Handy oder ein Kuss, der etwas zu kurz ausgefallen ist. Schon Kleinigkeiten können dich verunsichern. Entstanden ist dieser Bindungsstil in der Regel durch eine unsichere Erziehung, die nicht auf die Bedürfnisse des Kindes eingegangen ist.

Woran du erkennst, ob du dich diesem Bindungsstil zuordnen kannst:

- Du hast Angst verlassen zu werden.
- Schon kleinste Änderungen im Verhalten deiner Liebsten verunsichern dich.
- Du musst dich mehrmals täglich oder wöchentlich versichern, dass du noch geliebt wirst, obwohl eigentlich alles in Ordnung ist.
- Du hast schnell das Gefühl, vom Partner abhängig zu sein.
- Du verliebst dich schnell.
- Du bist sehr empfindlich, wenn dich jemand kritisiert.
- Du bist eifersüchtig.
- Du hast das Gefühl, nicht so viel wert zu sein wie andere.

4. DESORGANISIERTE BINDUNG

Eine desorganisierte Bindung kann sich äußern, indem du viel Freiraum brauchst. Das ist ähnlich der unsicher-vermeidenden Bindung. Doch die beiden unterscheiden sich durch wichtige Punkte. Derjenige mit einer desorganisierten Bindung hat nicht selten in seiner Kindheit etwas Traumatisierendes erlebt oder wurde vernachlässigt. Dadurch ist zwar das tiefe Bedürfnis da, geliebt zu werden, allerdings kannst du dir gleichzeitig nicht vorstellen, dass dir jemand nicht schaden möchte. Somit ist ein Vertrauensaufbau schwieriger.

Woran du erkennst, ob du dich diesem Bindungsstil zuordnen kannst:

- ✦ Du möchtest eigentlich gerne eine Partnerin.
- ✦ Du hast das Gefühl, wenn es ernst wird, suchst du eher Gründe, die dagegensprechen.
- ✦ Du zögerst, wenn sich die Chance ergibt, jemanden näher kennenzulernen.
- ✦ Du gehst selten von dir aus auf andere Menschen zu.
- ✦ Häufig sitzt du Konfliktsituationen aus und wartest, bis sie sich von selbst klären.
- ✦ Wenn sich jemand bei dir nicht mehr meldet, dann meldest du dich auch nicht mehr.
- ✦ Du kannst andere Menschen, die sich genauso wie du verhalten, dennoch nicht verstehen und fragst dich, warum sie nicht mehr in den Kontakt investieren.
- ✦ Du kannst nicht einschätzen, wann du einfach nur Zeit für dich brauchst oder wirklich kein Interesse an der anderen Person hast.
- ✦ Du findest es schön, jemanden zu haben, der sich für dich interessiert.

Die desorganisierte Bindung wirft viele Fragen auf. Sie begegnet uns vor allen Dingen bei den Menschen, die zwar selbstbewusst sind, aber ihren eigenen Wert nicht immer kommunizieren. Dies kann zum Beispiel so aussehen, dass du davon ausgehst, jemand anderes müsste doch wissen, dass du ihn magst, ohne dass du es direkt gesagt hast.

Sprechen gleichzeitig aber auch keine Taten, dann ist das Fehlen der Worte sehr entscheidend. Denn in deinen Kopf schauen kann die Frau nicht.

DIE MISCHFORM

Keiner lässt sich zu 100 % einem Bindungsstil zuordnen. Je nachdem, welchen Partner wir an unserer Seite haben, können wir auch in den Bindungsstilen wechseln.

Eine klassische Mischform ist die sichere Bindung, die sich aufgrund eines Streits oder Vorfalls in eine unsicher-ambivalente Bindung entwickelt.

Du hast deine sicheren Momente und möchtest gerne die Bindung gesund halten. Doch Vorfälle hindern dich daran, deinem Partner oder deiner Partnerin dieses respektvolle Verhalten entgegenzubringen. Du hast das Gefühl, du musst auch mal ausrasten oder unsachlich sein, weil dein Partner es dir gegenüber auch ist. Nach dem Motto „Wie du mir, so ich dir" wird aus der sonst so gesunden Beziehung etwas Toxisches. Gewöhnt ihr beide euch nun in Streitsituationen dieses Verhalten an, so fällt es mit der Zeit immer schwerer, wieder in eine sichere Bindung zu wechseln, und es manifestiert sich der unsicher-ambivalente Bindungsstil.

Ich beobachte dies oft bei Betrug oder wenn dein Partner andere Personen dir vorzieht. Beispielsweise bei einer Familienfeier oder einem Urlaub mit den Freundinnen. Auch bei alltäglichen Situationen kann dies auftreten. Zum Beispiel wenn sich einer benachteiligt fühlt und den Großteil des Haushalts alleine übernehmen muss.

Die Mischform kann sich schnell erledigen, wenn offene Gespräche darüber geführt werden, was sich beide von der Beziehung und dem Miteinander wünschen.

Eine Einleitung zu diesem Gespräch kann wie folgt aussehen:

„Ich fühle mich aktuell nicht immer wohl, weil wir bei Alltagssituationen Meinungsverschiedenheiten haben."

„Ich wünsche mir, dass wir gemeinsam daran arbeiten, noch respektvoller miteinander umzugehen. Wünschst du dir das auch?"

Ist lediglich die andere Person entscheidend dafür, welcher Teil unseres Bindungsstils zum Vorschein kommt?

Dies ist sehr wahrscheinlich. Da Beziehung nicht nur in eine Richtung funktioniert, sondern von zwei Menschen geführt wird.

Möchtest du wissen, welche Beziehungsmodelle es noch gibt und wie eine Beziehung zwischen drei Partnern abläuft? Das erfährst du in Kapitel 12.

Aufgabe:

Ordne dich thematisch den vier Bindungsstilen zu und erarbeite deine Mischform. Beobachte Paare in deinem Umfeld und bewerte im Stillen, welchen Bindungsstil sie haben. Spreche sie nicht darauf an, sondern mache dir selbst einfach deine Gedanken darüber. Natürlich kannst du mit engen Freunden auch darüber sprechen. Du solltest aber nicht damit anfangen, andere Menschen oder gar Paare über ihre Bindungsstile zu belehren. Wir können nicht urteilen, wenn wir nicht in ihren Schuhen gelaufen sind.

Verurteile dich selbst auch nicht für deinen Bindungsstil. Es geht zunächst darum zu verstehen, warum du bisher Beziehungen auf eine gewisse (sich wiederholende) Art geführt hast. Sich dessen bewusst zu werden, ist der erste Schritt, etwas zu heilen oder zu verändern.

Starte für die nächsten 4 Wochen ein Bindungsstilprotokoll, indem du alle engen Kontakte, die du hast, reflektierst. Konntest du dich öffnen?

Ist es dir an einem bestimmten Punkt leichter gefallen? Wann fällt es dir schwer?

Nimm dir vor, ab sofort dein Verhalten abzuwandeln. Dadurch, dass du weißt, woran es liegt, wird es dir leichter fallen, neue, positive Glaubenssätze zu entwickeln.

Beispiel der Abwandlung deiner Glaubenssätze.

„Ich werde von allen hintergangen."

Wird zu →

„Niemand will mir etwas Böses."

Wird zu →

„Ich werde geliebt und kann lieben."

Werde die nächsten 4 Wochen ein aufmerksamer Zuhörer deiner Gedanken und notiere dir negative Glaubenssätze in deinem Handy. Zu Hause kannst du sie dann abwandeln und dich damit auseinandersetzen.

Auf dem Weg, dein eigenes Selbstwertgefühl zu stärken, wirst du feststellen, dass zum Beispiel der unsichere Bindungsstil für dich leichter zu händeln ist.

Mit der Zeit lernst du den sicheren Bindungsstil immer besser kennen. Du kommunizierst Ängste und Probleme offen und bist in der Lage, deine Gefühle zu regulieren. Dazu gehört, dass du spontan auftretende Wut nicht an den Menschen auslässt, die gerade in der Nähe sind, oder du Menschen mit Ignoranz oder Stille bestrafst, wenn sie nicht das machen, was du willst.

Viele meiner Teilnehmer schaffen es durch das Bindungsprotokoll, ihren Bindungsstil kennenzulernen und abzuwandeln. Die Offenheit ist ein wichtiger Aspekt, damit es auch dir gelingt. Habe keinen Anspruch auf Perfektion, sondern betrachte dich wie ein Forscher deiner eigenen Gedanken und Gefühle.

KAPITEL 5

Fang die Schmetterlinge
Kunde und Verkäuferin

Riccardo war schon oft verliebt. Meist sah er sie nur einen Augenblick und hatte unmittelbar danach Schmetterlinge im Bauch. Du kennst vielleicht das Gefühl, wenn dich eine Frau in ihren Bann zieht. Es lässt dich nicht mehr los. Du willst sie sehen und mit ihr reden. Dein ganzer Tag ist darauf ausgelegt, wann sie dir wieder über den Weg läuft.

Du wirst süchtig nach dem Kribbeln im Bauch. Die Fantasie, mit ihr in einer Beziehung zu sein, wird immer realer.

Umso größer der Kummer und Schmerz, wenn du herausfindest, dass sie einen Freund oder Mann hat. Dann fängst du an, dich zu vergleichen.

„Was hat er, was ich nicht habe?“, fragst du dich. „Er hat bestimmt Kohle, er sieht gut aus. Das kann ich alles nicht bieten, deswegen will mich keine Frau.“

So wie Riccardo geht es vielen Männern. Ich habe im Coaching oft beobachtet, wie der starke Wunsch nach einer Partnerin eine Projektion im Außen zur Folge hat. Die nette Bedienung an der Tankstelle, die Masseurin im Fitnessstudio oder die süße Autoverkäuferin.

Alle haben sie eins gemeinsam: sie werden dafür bezahlt, nett zu dir zu sein. Deswegen ist es so naheliegend, dass diese Höflichkeit unterbewusst genutzt wird, um etwas zu projizieren.

„Aber vielleicht mag sie mich ja auch“, sagte Riccardo zu mir. „Ja“, antwortete ich, „vielleicht mag sie dich auch, aber woher willst du das denn wissen, wenn sie zu jedem nett ist, weil es ihr Job ist? Woher willst du es wissen, wenn du noch nie einen privaten Satz mit ihr gewechselt hast und sie gerade einmal deinen Namen kennt?“

Die Schmetterlinge in diesen Situationen unkontrolliert fliegen zu lassen, ist auf Dauer nicht gesund. Eine kleine Schwärmerei wegen einer sexy Verkäuferin ist vollkommen in Ordnung. Sich direkt aus der Ferne zu verlieben und den Schmetterlingen Flugerlaubnis zu erteilen, ist nicht okay. Fang die Schmetterlinge wieder ein und versuche wieder klar zu denken.

„Liebe kannst du nicht beschleunigen.
Sie wächst, wenn du sie lässt.“

LOLA SPARKS

Riccardo hat einen Herzenswunsch. Er möchte gerne endlich wieder eine Partnerin an seiner Seite haben. Mit der Zeit kam fast jede Frau für ihn infrage. Natürlich hatte er auch Wünsche und gewisse Vorstellungen, wie sie sein sollte. Doch die Jahre zogen ins Land und mit der Zeit wurde für ihn klar: ich darf nicht mehr so wählerisch sein.

Aus „Ich darf nicht so wählerisch sein“ wurde „Ich nutze jede Bekanntschaft mit einer Frau, in ihr eine potentielle Partnerin zu sehen“. So kam es, dass er oft den Bäcker oder den Supermarkt wieder wechseln musste, weil er mit der Zeit schon fast jede Frau in seinem Umfeld nach ihrer Nummer gefragt hatte oder versucht hatte, sie in ein Gespräch zu verwickeln.

Da die Gespräche meist ähnlich verliefen, war auch der Ausgang des Gesprächs relativ klar. Die Frauen arbeiteten und mussten zu

allen Kunden nett sein. Sie bedienten Riccardo und wechselten der Höflichkeit halber ein paar Worte mit ihm. Ging er dann nicht seiner Wege, sondern versuchte weiter mit ihnen zu sprechen, versuchten sie sehr beschäftigt auszusehen und wimmelten ihn sachte, aber geschickt ab.

Er konnte es kaum erwarten, wieder einkaufen zu gehen, um wieder ein paar Worte zu wechseln. Doch auch Riccardo merkte, dass die Frauen mit der Zeit immer wortkarger wurden und sich eher abwandten, wenn sie ihn von Weitem sahen.

Selbstverständlich gab es Ausnahmen. Hier wurden längere Gespräche geführt und auch die Frau war interessiert an dem Austausch. Sie lachte und beugte sie interessiert in seine Richtung, um genau zu hören, was er sagte. Dies interpretierte er als zunehmendes Interesse und fragte nach der Handynummer oder gab ihr seine.

Ein Date wurde nie daraus. Danach war die Stimmung abgekühlt und Riccardo suchte sich wieder ein neues Geschäft, weil er sich schämte wieder dort einkaufen zu gehen.

Der Frust über die ausbleibenden Dates wurde immer größer. Er sprach doch mit so vielen Frauen, warum kam es nie zum gewünschten Erfolg? Mürrisch startete er das Coaching mit mir und wünschte sich eine Anleitung, wie er es schaffen könnte, die Verkäuferinnen für sich zu gewinnen.

In einem unserer ersten Gespräche fragte ich ihn, ob er das Gefühl hätte, dass diese Art der Kontaktaufnahme ausgeglichen und fair für beide Parteien war. Riccardo dachte etwas darüber nach. Er fragte sich, was fair hier überhaupt bedeuten sollte. Warum war es wichtig, wo man sich kennenlernte? Es machte doch überhaupt keinen Unterschied. Seiner Meinung nach ging es lediglich darum, dass er als Singlemann, der Interesse an Frauen hatte, Frauen kennenlernte. Der Ort spielte aktuell keine Rolle für ihn.

Ich fragte ihn erneut, warum es eventuell beim Käufer-Verkäufer-Verhältnis eine etwas ungünstige Ausgangssituation gab.

Er schlussfolgerte, dass die Verkäuferin in dieser Konstellation dafür bezahlt wurde, nett zu ihm zu sein. Dies ist ein wichtiger erster Hinweis, wenn du als Mann auf der Suche nach einer Frau bist und dafür Alltagssituationen nutzen möchtest.

Dieser Wunsch ist vollkommen legitim. Nicht jeden Tag gehen wir auf Speed-Dates oder in Bars und Restaurants, um andere Menschen kennenzulernen. Demnach ist der Alltag ein wichtiger Aspekt als Single, um eine Frau kennenzulernen.

Die Herangehensweise ist entscheidend für den Erfolg und auch die eigene Einstellung zu den Situationen.

Bei Riccardo war entscheidend, dass er sich in den Kopf gesetzt hatte, dass jede Frau Interesse an ihm hatte, die nett zu ihm war. Dieses Interesse spiegelte er umgehend und fühlte sich verliebt.

Die Hormone Dopamin, Serotonin und auch nicht zuletzt Adrenalin sorgen für das flaue Gefühl im Bauch. Die Schmetterlinge, die dich verrückt machen und die dich immer wieder in ihre Nähe ziehen. Die Erlösung, ihr Lachen zu hören, ihre Stimme zu hören und mit ihr zu sprechen, verschaffen dir einen gewissen Kick und verstärken das Verliebtsein.

Diesen Kick können wir vergleichen mit einer Achterbahnfahrt oder auch mit dem Geruch deines Lieblingsessens.

Hat sich dein Körper daran gewöhnt, im Kontakt mit Frauen schnell dieses Gefühl auszulösen, dann kannst du nicht mehr unterscheiden, ob man sich jetzt einfach nur nett unterhält oder ob du hier mehr empfindest. Es passiert einfach, ohne dass du etwas dagegen tun kannst.

Das bedeutet, immer wenn Riccardo bedient wurde und eine Frau etwas für ihn machte, spürte er genau dieses Gefühl der Verbundenheit und die Schmetterlinge. Das Interesse seinerseits wurde jedes Mal stärker, wenn er sie sah. Den Aspekt, dass er für die Beratung und Freundlichkeit zahlte, blendete er aus. Dies führte dazu, dass er sich in Endlosschleife in Bedienungen und Verkäuferinnen verliebte.

Erst durch sein „Bewusstwerden" dieser Situation konnte er etwas ändern. Er begann, Frauen auf Augenhöhe zu begegnen, die nicht dafür bezahlt wurden, nett zu ihm zu sein. Sei es auf Volksfesten oder in Bars oder Cafés. Es waren Gäste – so wie er. Damit mache es die Situation zwar um einiges herausfordernder für ihn, weil die Frauen nicht betont nett waren, aber dieser Kontakt war wahrhaftig und ehrlich.

Eine Verkäuferin, die eine Provision dafür bekommt, dir etwas zu verkaufen, wird nicht unhöflich sein. Sie wird sich auf dich einstellen und dir schmeicheln, damit du dich bei ihr wohlfühlst.

Eine Frau, die du neutral im Privaten triffst, wird das nicht tun. Sie wird nur besonders nett zu dir sein, wenn sie dich interessant findet und dich näher kennenlernen will.

Riccardo lernte wieder echten Kontakt mit Frauen zu schätzen. Er forderte sich selbst heraus, wie viele Frauen er an einem Tag anlächeln könnte, und zählte, wie viele spontan zurücklächelten. Er wurde dadurch lockerer im Umgang mit fremden Frauen, dass er sich klarmachte, dass er nicht jeder Frau gefallen konnte.

So wie ihm auch nicht jede Frau gefiel. Es war ein ganz normaler Prozess.

Auf einem Fest, das Riccardo mit Arbeitskollegen besuchte, lernte er Amanda kennen. Sie war unglaublich schüchtern und unsicher. Sie erwiderte seine Anmache nicht sofort. Er blieb beharrlich dran und begegnete ihr eine Stunde später am Getränkestand wieder. Dort kamen sie ins Gespräch, weil sie etwas länger auf die Getränke warten mussten.

Sie lachten und er fragte sie nach ihrem Namen. Er merkte, wie nervös sie war und dass ein Gespräch mit einem fremden Mann für sie nichts Alltägliches war.

Er respektierte ihre Zurückhaltung und gab ihr seine Nummer. Er sagte ihr ein paar magische Worte, die er im Coaching gelernt hatte.

„Ich weiß, du kennst mich nicht, ich will das ändern. Vielleicht findest du mich auch total blöd, lassen wir es darauf ankommen. Melde dich."

Sie war positiv überrascht von seiner offenen und reflektierten Art. Später bei einem ihrer unzähligen Dates sagte sie ihm, dass sie sich oft von Männern unter Druck gesetzt fühlte. Vor allen Dingen, wenn Alkohol im Spiel war, kamen sie ihr schnell zu nah. Das mochte sie nicht. Riccardo respektierte ihre Zurückhaltung, aber machte trotzdem seinen Standpunkt deutlich. Das imponierte ihr. Sie fasste sich ein Herz und schrieb ihm noch am selben Abend eine Nachricht.

Die beiden führen inzwischen eine glückliche Beziehung und Riccardo ist froh, dass er sich jetzt nicht mehr von Verkäuferinnen den Kopf verdrehen lässt. Echte Beziehungen sind doch einfach besser.

Das passiert mit deinem Körper, wenn du dich verliebst:

Aufregung steigt durch Adrenalin.

Du bekommst einen Kick durch Dopamin, Serotonin und Endorphine, die ausgeschüttet werden.

Du fühlst dich der anderen Person nah und möchtest sie sooft es geht sehen, damit du den Kick wieder fühlst. Somit entsteht ein sich selbst verstärkender Kreislauf.

Es passiert nicht selten, wie bei Riccardo, dass ein zu schnelles Verlieben entsteht. Dies hindert dich daran, die Situation realistisch zu bewerten und einen kühlen Kopf zu bewahren. Oft werden Signale der Frau dadurch auch vollkommen falsch bewertet und überinterpretiert. Manchmal werden die Signale auch ganz außer Acht gelassen und er konzentriert sich nur auf seine eigenen Emotionen und blendet alles andere aus.

Ich habe mit Riccardo daraufhin seine 10 Gebote entwickelt, damit es ihm leichter fällt, seine Emotionen zu kontrollieren und sich auf Frauen zu konzentrieren, die ihm nicht aufgrund einer Dienstleistung untergeordnet sind. Sie sollen freiwillig nett zu ihm sein und ihn auf neutralem Boden kennenlernen. Auf diese Weise kann er realistisch einschätzen, ob das Interesse auf Gegenseitigkeit beruht.

Durch die 10 Gebote schaffte es Riccardo, sein altes Muster zu durchbrechen, und lernte wenig später auch eine Frau kennen, die ihm nichts verkauft hat.

Die 10 Gebote von Riccardo:

1) Das erste Date nach 1–2 Stunden beenden, wenn es am schönsten ist. Lieber treffe ich sie nach kurzer Zeit ein zweites Mal, bevor ich beim Date anfange zu klammern.
2) Klammern zeigt Unsicherheit. Ich habe keinen Grund, unsicher zu sein, denn ich bin ein interessanter Mann und freue mich auf Kontakte mit Frauen.
3) Ich komme nicht schneller in eine Beziehung, wenn ich die Kennenlernphase verkürze und ihr schnell meine Liebe gestehe. → Ich entwickle Spaß daran, das Kennenlernen zu genießen und auch Aufregung einmal auszuhalten.
4) Ich unterscheide zwischen flüchtigen Bekanntschaften (Verkäuferinnen etc.) und Frauen, die auch potentiell an mir Interessen haben (Matches, private Bekanntschaften, Frauen, die ich auf neutralem Boden oder im Hobby kennenlerne).
5) Ich nutze Gelegenheiten, mit Frauen in Kontakt zu kommen (bei Konzerten, Events, über gemeinsame Freunde).

6) Ich bin mutig, interessant und vielseitig – und das zeige ich den Frauen.
7) Ich brauche keine Frau, um mich vollständig zu fühlen.
8) Niederlagen gehören dazu und hindern mich nicht daran, weiter an meinen Zielen zu arbeiten.
9) Ich lerne, Signale von Frauen zu lesen und zu akzeptieren, wenn das Interesse nicht auf beiden Seiten besteht.
10) Ich lerne, Signale zu senden, damit die Frau versteht, dass ich Interesse habe.

Was sind deine 10 Gebote für Erfolg? Bei welchen Punkten weißt du, wenn du ganz ehrlich zu dir bist, dass du dich entweder zurückhalten oder gerne mehr zeigen darfst?

Erstelle deine eigenen 10 Gebote für deine Ziele.

Hänge sie dir im Badezimmer an den Spiegel oder lies sie abends vor dem Schlafengehen. Sie werden dich in Situationen begleiten, die herausfordernd sind, damit du einen kühlen Kopf bewahrst.

KAPITEL 6

Die Sucht nach Eifersucht

„Es gibt nichts Schöneres, als geliebt zu werden, geliebt um seiner selbst willen oder vielmehr: trotz seiner selbst.“

VICTOR HUGO

Das beißende Gefühl der Eifersucht ist dir sicherlich im Alltag schon einmal begegnet. Du kennst es, weil dir ein Freund absagt, weil er sich schon mit jemand anderem verabredet hat. Oder klassischerweise innerhalb einer Beziehung zum Beispiel, weil deine Frau die Aufmerksamkeit von einem anderen Mann bekommt.

Wir können die Eifersucht akzeptieren oder uns genau anschauen, woran es liegt, dass wir sie empfinden. Vor allen Dingen unter dem Aspekt, dass manche Menschen sehr eifersüchtig zu sein scheinen, andere wiederum nur ein wenig oder gar nicht.

Für Stephan war Eifersucht schon immer ein Thema. Bereits bei seinen ersten Beziehungen, als er noch sehr jung war und in die Schule ging, merkte er dieses beißende, stechende Gefühl, wenn seine Freundin mit einem anderen Jungen sprach.

Er war sich dessen bewusst, dass es unter anderem damit zu tun hatte, dass er selber unsicher mit sich war. Er hatte Angst davor, verlassen zu werden.

Aus Kapitel 4 kennst du die verschiedenen Bindungsstile und weißt jetzt auch, dass Stephan vermutlich in die Gruppe der Unsicher-Vermeidenden gehörte.

Doch ist lediglich die Unsicherheit über deine eigene Person dafür verantwortlich, dass Eifersucht entsteht?

Bist du schon einmal eifersüchtig gewesen?

Ja ☐ Nein ☐ Möglich ☐

Natürlich gibt es nicht nur die Situation, dass der Mann eifersüchtig ist. Auch deine zukünftige Partnerin kann sich in gewissen Situationen unsicher fühlen und deswegen eine Eifersucht entwickeln. Dies kann zum Beispiel auftreten, wenn du besonders nett zu Bedienungen oder Verkäuferinnen bist. Dein grundsätzlich korrektes und nettes Verhalten gegenüber einer Dienstleisterin ist als solches nicht verwerflich. Doch aufgrund der Defizite deiner Partnerin, die dein Verhalten nicht deuten kann, entsteht dadurch Eifersucht.

In jedem Fall sollte ein offenes Gespräch gesucht werden. Egal wer von euch beiden Eifersucht empfindet.

Dieses Gespräch kann man in Form eines Beziehungskommentars einleiten, indem man das Erlebte zusammenfasst und für den anderen spiegelt.

Zum Beispiel: „Mir ist aufgefallen, dass du dich gestern im Restaurant eifersüchtig gefühlt hast, als ich freundlich zu sehr Bedienung war. Kannst du mir die Situation einmal aus deiner Perspektive schildern? Mir ist wichtig, dich zu verstehen."

Häufige Gründe, die zu Eifersucht führen:

- ✦ Du hast mangelndes Vertrauen deiner Partnerin gegenüber.
- ✦ Du bist unsicher dir selbst Gegenüber / geringes Selbstwertgefühl.
- ✦ Schlechte Erfahrung in der Vergangenheit mit anderen Frauen.

- Schlechte Erfahrung in der Vergangenheit mit deiner Partnerin (weil sie bereits fremdgegangen ist).
- Du hast Angst davor, dass deine Partnerin etwas in einem anderen Mann findet, das du ihr nicht bieten kannst.
- Du hast Angst davor, dass deine Partnerin ungewollt bei anderen schwach wird, die ggf. sehr manipulativ agieren.

In der Beziehung von Stephan und Carly kriselte es schon von Anfang an. Die beiden lernten sich auf einem Jahrmarkt kennen. Sie standen hintereinander bei einer Achterbahn an und kamen ins Gespräch.

Stephan war mit zwei Kumpels unterwegs, und Carly mit ihrer besten Freundin. Nach anfänglichem intensiven Augenkontakt sprach er sie an, als sie wieder aus der Achterbahn ausgestiegen waren.

Das Adrenalin tat hier sein Übriges und so verbrachten sie den restlichen Abend als Gruppe. Bereits am nächsten Tag trafen sich die beiden zum ersten Mal alleine.

Zwei Wochen waren sie unzertrennlich und beschlossen, dass sie ab sofort ein Paar waren. Dann begann es zu kriseln.

Carly wollte sich donnerstagabends mit einer Freundin treffen und verschob spontan das Treffen mit Stephan. Er war zunächst verständnisvoll, aber fragte sie dann, ob sie nach dem Treffen abends noch zu ihm zum Schlafen kommen würde. Er hatte sich daran gewöhnt, sie in seiner Nähe zu haben.

Carly lehnte ab und wollte lieber zu Hause schlafen. Sie sagte, dass sie sich ja auch am nächsten Tag treffen könnten. Stephan war deswegen enttäuscht und fühlte sich ehrlicherweise auch von ihr abgewiesen. Aufgrund seiner schlechten Erfahrungen in der Vergangenheit hatte er jetzt schon stark im Gefühl, dass Carly gar nicht ihre Freundin, sondern einen anderen Mann treffen würde an diesem Abend.

Er biss sich auf die Zunge und wünschte ihr einfach nur einen schönen Abend mit ihrer Freundin, saß aber zu Hause und grübelte stundenlang über die Situation nach. Den Konflikt trug er zunächst in seinem Kopf aus. Das heißt, er machte Carly bereits in seinem Kopf einen Vorwurf über die Situation und dass er das Gefühl hatte, sie würde einen anderen Mann treffen.

Dadurch, dass er diesen Dialog aber in seinem Kopf führte und nicht direkt mit Carly, spann er sich natürlich auch Antworten von Carly zusammen. Diese hörten sich abwertend und belustigt an.

Sie reichten von: „Stell dich nicht so an", bis hin zu: „Wenn du nicht aufhörst, dann war es das mit uns". Einige dieser Sätze hatte er bereits in der Vergangenheit von anderen Ex-Freundinnen gehört, wenn er eifersüchtig wurde.

Dies führte dazu, dass er sich immer mehr in Rage dachte und zuletzt, als er sich zum Schlafen ins Bett legte, richtig wütend war. Er schrieb ihr noch einige Nachrichten und fragte, wo sie sei und ob sie inzwischen zu Hause war. Aber sie meldete sich nicht, was sein negatives Gefühl verstärkte. Er schlief mit der Wut im Bauch ein. Mit dieser Wut wachte er dann auch am nächsten Morgen auf und musste feststellen, dass sich Carly immer noch nicht gemeldet hatte. Mit dem stechenden Gefühl in der Magengegend, dass etwas nicht stimmte, ging er auf die Arbeit und schrieb ihr noch zwei weitere Nachrichten, warum sie sich nicht meldete und was denn los sei. Die Nachrichten waren im Vergleich zum vorigen Tag stark unter der Gürtellinie.

Seine Wut kontrollierte ihn. Er fühlte nicht nur die Wut auf diese einzelne Situation. Er erinnerte sich an jedes Streitgespräch und die negativen Gefühle zu genau dem Thema Eifersucht. Über diese Erinnerungen brachte ihn die Situation mit Carly noch mehr aus der Fassung.

Hätte er keinerlei Erlebnisse und Erinnerungen zu diesem Thema, wäre vermutlich nichts weiter passiert.

Er hätte ihr gestern einen schönen Abend gewünscht und heute hätte sie sich irgendwann bei ihm gemeldet.

Aber so war es leider nicht. An diesem Tag hörte er erst spät abends etwas von Carly. Sie schrieb ihm nur einen Satz: „Ich muss über dein Verhalten nachdenken, das geht so nicht."

Er schluckte und wusste, dass er alles kaputtgemacht hatte. Wie so oft. Vor vielen Jahren fing er an, Beziehungen zu führen. Die Eifersucht dominierte jeden Kontakt, den er mit Frauen hatte.

So richtig daran gearbeitet hatte er aber nie.

Es lief jedes Mal gleich ab. Es kam zu einer unangenehmen Situation. Er reagierte über und vertrieb damit die Frauen.

Aber warum waren sie auch so verständnislos? Man musste doch nachvollziehen können, dass er es nicht mochte, wenn sie alleine loszogen.

Carly beendete ein paar Tage später den Kontakt mit Stephan. Sie war stinksauer und sagte, sie wolle mit so jemandem nichts mehr zu tun haben.

Er spürte, dass sich in seinem Leben auf diese Weise nichts ändern würde und wandte sich an mich.

In diesem Kapitel zeige ich dir, wie Stephan es schaffe, seine Eifersucht nicht nur zu ergründen und in den Griff zu bekommen, sondern er ersetzte sie mit einer viel schöneren Sache: Fürsorge.

Was, glaubst du, stand Stephan am meisten im Weg, wenn er Eifersucht fühlte?

Er glaubte, dass jemand anderes ihm gerade vorgezogen wurde. Dies musste nicht mal ein anderer Mann sein. Es konnte auch der Haushalt oder eine Freundin sein.

Im nächsten Schritt spürte er, dass er sich abhängig von der Aufmerksamkeit der Frau gemacht hatte. Dies war keine reale Feststellung, die er früher hatte. Diese Erkenntnis kam erst im Coaching.

Doch nun musste er damit fertigwerden, dass die Aufmerksamkeit von ihm weggelenkt wurde.

Darauffolgend machte sich eine Verlustangst breit. Er glaubte, dass die Aufmerksamkeit seiner Freundin nicht wiederkommen würde.

Dies hatte sehr viel mit seinem Bindungsstil zu tun. Als ängstlich-ambivalenter Partner hatte er große Angst verlassen zu werden.

Er hatte nie eine starke Bindung zu seiner Mutter, da diese sehr launisch war und ihm immer wieder ohne Vorwarnung die Liebe entzog. Dies saß ihm tief in den Knochen und so transportierte er diese Angst auch auf die Frau, mit der er eine Beziehung führte.

Zum Zeitpunkt vor dem Coaching wäre dieser Satz unmöglich über seine Lippen gegangen: „Weil du deine Freundin heute Abend vorziehst, fühle ich mich nicht geliebt und versuche deswegen, um mich zu schlagen, um dich davon abzubringen, mit ihr etwas zu machen. Da du mich trotzdem nicht beachtest, mache ich ein noch größeres Fass auf und unterstelle dir ein Verhältnis mit einem anderen Mann."

Wie beendet man die Abwärtsspirale der Eifersucht?

Zunächst die Erkenntnis, dass deine Partnerin nicht dafür verantwortlich ist, alle deine Wunden zu heilen. Es ist aber teilweise eine Gemeinschaftsarbeit.

Bei einer sicheren Bindung weiß dein Partner um dein Problem und ist in der Lage, auf dich einzugehen:

- Indem er frühzeitig Treffen mit anderen Freunden ankündigt.
- Dir offen sagen kann, wenn du übertreibst.
- Das Gespräch mit dir nach einem Streit eröffnet.
- Dich in die Schranken weist, wenn du Grenzen überschreitest (Handy spionieren, hinterherfahren, andere ausfragen).

Deine Aufgabe, eine sichere Bindung zu gewährleisten, beinhaltet auch einige Punkte:

- Du hast Verständnis dafür, dass sich nicht jeden Tag alles um dich dreht.
- Kurzzeitige Veränderungen zwischen eurem Umgang heißen nicht, dass du verlassen wirst (bei Streit, stressigen beruflichen Phasen).
- Urvertrauen ist etwas, das du zwar nicht entwickelt hast, aber du weißt, dass du daran arbeiten kannst, Vertrauen zu dir selbst aufzubauen.
- Du kommunizierst offen, wenn du dich unwohl fühlst oder eine für dich unangenehme Situation aufkommt.

Ein weit verbreiteter Glaube ist: Wenn du dich selbst nicht gut findest, dann hast du Angst, verlassen zu werden und wirst eifersüchtig.

Je geringer deine Meinung von dir selbst, desto eifersüchtiger bist du. Fühlst du übermäßige Eifersucht, dann hast du ein Problem mit dir selbst.

Glaubst du, dass diese Aussagen zutreffen?

Ja ☐ Nein ☐ Teilweise ☐

Es ist korrekt. Diese Aussagen haben ebenfalls viel mit Eifersucht zu tun. Es muss nicht immer eine negative Erfahrung aus der Vergangenheit sein oder ein tatsächlicher Seitensprung, der Eifersucht hervorbringt.

Eifersucht kann auch aufkommen, wenn du mit deinem Selbstwertgefühl zu kämpfen hast.

Vielleicht hat dir auch schon einmal eine Frau gesagt, dass sie sich nur geliebt fühlt, wenn der Mann auch eifersüchtig ist.

Ein Normalisieren der Eifersucht als Liebesbeweis ist sehr gefährlich. Wir unterstützen hier eine toxische Eigenschaft, die jeder Mensch hinter sich lassen sollte.

Schritte, die Stephan gegangen ist, um seine Eifersucht hinter sich zu lassen:

Kennst du deinen Bindungsstil? (siehe Kapitel 4)

Hast du verstanden, woher der Bindungsstil kommt, und in Ruhe für dich analysiert, warum du aktuell einen bestimmten Bindungsstil hast?

Lies dir erneut Kapitel 4 durch, wenn du die Antworten noch nicht kennst, und kehre dann zu diesem Kapitel zurück.

In welchen Situationen kommt die Eifersucht auf?

- ✦ Bei Freunden, die sich mit jemand anderem verabreden.
- ✦ Wenn eine Frau über einen anderen Mann spricht.
- ✦ Wenn es gerechtfertigt ist (beispielsweise, wenn deine Freundin deine Grenzen überschreitet und mit einem anderen Mann flirtet).
- ✦ Sonstiges.

Grenze für dich ab, ob deine Eifersucht gerechtfertigt ist oder ob es tief in deinem Inneren einen anderen Grund für die Eifersucht gibt.

Sprich offen deine Gefühle an und versuche mit deinem Gegenüber herauszufinden, ob es Gründe für die Eifersucht gibt.

Kommst du bereits selbst oder im Gespräch zum Schluss, dass die Eifersucht unbegründet ist, dann hinterfrage jetzt, welche Glaubenssätze dich dazu bringen, sie zu fühlen.

Glaubenssätze könnten beispielsweise lauten:

- Ich habe Angst ersetzt zu werden.
- Ich kann meiner Partnerin nicht vertrauen.
- Alle Frauen gehen fremd und sind böse.
- Der andere Mann ist interessanter als ich.

Wie lauten deine Glaubenssätze?

Stephan hat sich ein paar Wochen Zeit genommen, seine Glaubenssätze zum Thema Eifersucht zu analysieren. Er notierte sie in ein Tagebuch und dachte lange und intensiv darüber nach, seit wann er diese Glaubenssätze mit sich herumtrug.

Viele der Glaubenssätze bezogen sich gar nicht auf eine konkrete Situation, sondern hatten sich mit der Zeit in seinen Kopf geschlichen und festgebissen.

Wie zum Beispiel: „Wenn eine Frau die Wahl zwischen mir und einem anderen Mann hat, dann wählt sie den anderen."

Die Erkenntnis, dass der größte Teil seiner Eifersucht seinem mangelnden Selbstwertgefühl geschuldet ist, half ihm, die alten Glaubenssätze in neue zu verwandeln.

Dies kennst du bereits aus meinem ersten Buch „Die Kunst des Flirtens".

So verwandelst du deine negativen Glaubenssätze:

1. Negativen Glaubenssatz notieren.
2. Sie in etwas Positives umwandeln. (Nutze meine „Zwischenglaubenssätze“, um es dir leichter zu machen, denn am Anfang klingt „neuer Glaubenssatz“ manchmal wie ein Märchen, das man sich erzählt.)
3. Jeden Tag mit den neuen positiven Glaubenssätzen beschäftigen, indem du dir den Inhalt konkret begründest. Beispiel:

Ich bin langweilig. → wird zu → Ich bin interessant. (Zwischenglaubenssatz: Ich arbeite daran, interessanter zu werden.)

→ Weil ich jetzt schon interessante Hobbys habe wie das Klettern und Bogenschießen und ich mich über meine Interessen wunderbar mit Frauen unterhalten kann.

Wenn ich ihr von meinen Interessen erzähle, dann kann ich gleichzeitig auch viel über sie und ihre Interessen erfahren. Wir hören uns gegenseitig zu und lernen uns so besser kennen. Ich weiß genau, dass ich interessant für eine Frau bin. Ich muss nicht für jede Frau interessant sein, es gibt keine 100-%-Quote, denn ich finde auch nicht jede Frau interessant. Das weiß und akzeptiere ich und fühle mich ab sofort gut dabei, dass ich zeige, wer ich bin. Ich habe den Mut, etwas zu erzählen und freue mich darauf, wie Frauen auf mich reagieren.

Stephan nahm jeden seiner negativen Glaubenssätze auf diese Art auseinander. Schon bald merkte er, dass er nicht mehr eifersüchtig war, wenn ein Kumpel ihm erzählte, dass er sich mit einem anderen Freund verabredet hatte. Er freute sich darüber und fügte hinzu, dass man sich das nächste Mal ja auch gerne zusammen treffen könnte.

Wenig später lernte er eine neue Frau über eine Dating-Plattform kennen. Er fühlte sich bereit, das Gelernte in der Praxis zu testen.

Nach ein paar Treffen merkte er, dass sich ein leises Gefühl der Eifersucht meldete, wenn sie über Arbeitskollegen oder Freunde sprach. Doch es war bei Weitem nicht mehr so stark wie früher. Er war sehr stolz auf die Entwicklung und es motivierte ihn, weiter daran zu arbeiten.

Nina und Stephan wurden ein Paar und sind glücklich zusammen. Nach einigen Monaten erzählte er ihr von seinen früheren Problemen. Nina reagierte entspannt und erzählte ihm, dass sie früher auch Schwierigkeiten damit hatte.

Sie waren beide froh, dass es heute nicht mehr so war, und versprachen sich, immer darüber zu sprechen, wenn sich jemand unwohl fühlte.

Setze jetzt auch die Übungen von Stephan um, damit du deine Eifersucht kennenlernst und sie zähmen kannst.

Expertentipp

Ist es nicht die Eifersucht, die dich plagt, sondern etwas anderes? Mit der Übung der Glaubenssätze kannst du verschiedene Gefühle bearbeiten. Beispielsweise Angst, Trauer, Grübeln im Allgemeinen oder auch Wut.

KAPITEL 7

Im Garten der Liebe

Carlos ist ratlos. Er weiß nicht, was seine Frau Debbie möchte.

Debbie ist ratlos. Sie versteht nicht, warum Carlos ihr nicht das gibt, was sie will.

Worum geht es bei den beiden? Um eine versprochene Reise? Den Müll, der rausgebracht werden muss? Oder hat Debbie eine Kette gesehen, die sie gerne haben würde?

Alles könnte sein, denn in diesem Kapitel besprechen wir die verschiedenen Sprachen der Liebe.

Jeder Mensch hat eine ganz individuelle Art, Liebe zu zeigen, und entsprechend empfängt jeder Liebe auch unterschiedlich.

Debbie und Carlos streiten häufiger, weil Debbie meint, er würde ihr nicht zeigen, dass er sie liebt. Carlos hingegen ist darüber häufig empört. Seiner Meinung nach zeigt er Debbie sehr wohl, dass er sie liebt. Nur weil er nicht jede Woche mit Blumen nach Hause kam, musste das doch nicht heißen, dass er sie nicht liebte.

Er sagte seinen Freunden öfters mal ab, wenn sie um die Häuser ziehen wollten und blieb lieber bei Debbie. Er kochte etwas Leckeres und verbrachte den Abend gemeinsam mit ihr auf der Couch.

Am Wochenende unternahmen sie Spaziergänge oder Tagesausflüge und wenn die Kinder bei den Großeltern waren, dann blieben sie auch manchmal über Nacht in einer anderen Stadt.

Carlos' Sprache der Liebe war Zeit. Er schenkte seinen Liebsten Zeit und zeigte auf diese Weise seine Zuneigung. Alle anderen Sprachen waren ihm relativ fremd. Geschenke fand er nutzlos und auch übermäßig viele Worte der Anerkennung fühlten sich für ihn komisch an.

Debbies Sprache der Liebe sind Geschenke. Wenn Debbie shoppen geht, dann bringt sie Carlos immer etwas mit. Sie denkt an ihn, wenn sie Essen bestellt und auch beim Onlineshopping wandert immer etwas für Carlos mit in den Warenkorb. Sie zeigt durch kleine Aufmerksamkeiten, dass sie an ihre Liebsten denkt, und drückt auf diese Weise ihre Liebe aus. Es müssen keine teuren Geschenke sein. Für sie ging es nicht darum, viel Geld auszugeben, sondern durch die Aufmerksamkeiten dem anderen eine Freude zu machen.

Aufgrund dieser beiden unterschiedlichen Sprachen der Liebe kamen Carlos und Debbie regelmäßig an ihre Grenzen.

Für Debbie war es nicht weiter wichtig, ob Carlos oft zu Hause war. Sie würde lieber mal hören, dass er stolz auf sie sei oder dass er froh war, sie zu haben.

Carlos hingegen brauchte nicht unbedingt die Geschenke, die Debbie ihm machte, und würde sich lieber mal darüber freuen, wenn sie abends früher das Handy weglegte oder ihm ein leckeres Essen kochen würde.

Eine konkrete Maßnahme, damit die beiden sich besser verstanden, war, dass sie die jeweilige Sprache der Liebe des anderen zu verstehen versuchten. Sie sollten sich in Ruhe überlegen, warum sie genau diese Sprache der Liebe sprachen und was ihnen daran besonders gut gefiel.

Welche Sprache der Liebe sprichst du?

- ✦ Schenkst du Zeit?
- ✦ Schenkst du Anerkennung und machst Komplimente?
- ✦ Machst du Geschenke?
- ✦ Magst du körperliche Nähe sehr?
- ✦ Bist du hilfsbereit?

Im Optimalfall kennst du nicht nur deine Sprache der Liebe, die du am liebsten hörst, sondern sprichst jede Sprache in bestimmten Situationen.

Es muss nicht immer ein Gleichgewicht herrschen, sodass jede der Sprachen gleich oft gesprochen wird.

Aber es ist wichtig, dass dir bewusst ist, welche Sprache am heutigen Tag oder in dieser Woche überwiegt.

Kommt es dann zum Konflikt oder fehlt dir oder dem anderen etwas, dann liegt das in aller Regel daran, welche Sprache zurzeit fehlt.

Setze dich alleine oder mit deiner Partnerin zusammen hin. Jeder beantwortet für sich die Fragen in der folgenden Übung.

Diese Übung ist wichtig, auch wenn du single bist. Kommt dann ein besonderer Mensch in dein Leben, wirst du ihm zeigen können, was die Sprachen der Liebe sind und wie ihr sie beide zusammen nutzen könnt, damit eure Beziehung etwas Besonderes wird.

Übung

Welche Sprache der Liebe gefällt dir am besten?

....

....

....

....

Warum gefällt sie dir am besten?

....

....

....

....

Welche Sprache kennst du, weil sie andere dir gegenüber benutzen?

In welchen Situationen erlebst du, dass andere Menschen dir gegenüber die Sprache der Liebe einsetzen?

Welche Sprache der Liebe nutzt du, um anderen zu zeigen, wie wichtig sie dir sind?

In welchen Situationen nutzt du sie ganz besonders?

Welche Sprache kommt dir komisch vor?

Warum kommt sie dir komisch vor?

Welche Sprache empfindest du sogar als unnötig?

Warum kommt sie dir unnötig vor?

Wann hältst du es für unangebracht, eine Sprache der Liebe zu nutzen?

Geht es in diesem Fall nur dir so oder beobachtest du auch dort andere Menschen, die trotzdem eine Sprache sprechen? (Beispielseise übermäßige Anerkennung auf der Arbeit, Lob und Interesse.)

Wann würdest du dir wünschen, dass dir mehr Aufmerksamkeit oder Liebe entgegengebracht wird?

....

....

....

....

Hast du das schon einmal deinen Nächsten gesagt? Und wenn ja/nein, warum?

....

....

....

....

Es gibt viele Fragen, die wir uns stellen können, wenn wir uns mit der Sprache der Liebe beschäftigen.

Du hast sicherlich jetzt bereits neue Erkenntnisse gewonnen, warum du dich in manchen Situationen wohl oder unwohl gefühlt hast, weil die entsprechende Sprache der Liebe genau richtig eingesetzt wurde oder fehlte.

Carlos und Debbie fingen an, sich mehr darüber zu unterhalten, welche Sprache der Liebe ihnen wichtig war.

Debbie verstand, dass Carlos nicht immer etwas gekauft haben wollte und dass Geschenke nicht seine Sprache der Liebe waren.

Sie fing an, abends das Handy häufiger wegzulegen, und sagte ihm das auch, indem sie es weglegte, ihn anlächelte und sagte: „Jetzt haben wir Zeit für uns.“

Carlos freute das. Er antwortete mit lieben Worten und schenkte ihr verbal die Anerkennung, die Debbie wachsen ließ.

Sie fühlten sich wohler denn je miteinander und lernten sich dadurch besser kennen.

Auch ihren Kindern gegenüber veränderten sie etwas, denn auch diese hatten jeder seine eigene Sprache der Liebe.

Natürlich blieb die Familie nicht frei von Konflikten. Darum ging es auch gar nicht. Konflikte sind völlig normal und Teil jeder gesunden Beziehung. Vor allen Dingen, weil keiner die Gedanken des anderen lesen konnte.

Doch durch die neuen Sprachen der Liebe, die Einzug erhalten hatten, konnten sie ihre Liebe und Zuneigung besser zeigen und somit jedem individuell ein gutes Gefühl geben.

Lola Sparks Coaching

Ich – Lola Sparks – begleite dich auf deinem Weg der Entwicklung: Flirten lernen, Frauen kennenlernen, interessant sein, nicht in die Friendzone kommen und sogar eine Beziehung aufbauen.

Werde endlich zu dem Mann, der du schon immer sein wolltest!

Profitiere von meiner Erfahrung aus 10 Jahren Coaching für Männer und über 6.000 Kunden.

Mit täglichen Aufgaben im Portal veränderst du deine Einstellung und Gedanken zu dir selbst.

Dein Leben wird sich Stück für Stück ins Positive verändern. Frauen in deinem Umfeld werden merken, dass du etwas verändert hast. Dieser sich selbst verstärkende Effekt ist wie ein Hebel in deiner Entwicklung.

So bekommst auch du das hin:

Ich habe für dich drei verschiedene Coaching-Programme entwickelt. Sie unterscheiden sich nicht im Thema – es geht immer um dich und deinen aktuellen Status.

Die verschiedenen Coaching-Programme unterscheiden sich lediglich darin, wie intensiv und lange du gerne betreut werden willst/musst.

Informiere dich jetzt bei einem kostenlosen Erstgespräch über mein Coaching

KAPITEL 8

Kontrolle und Macht

„Nein, das machst du jetzt fertig, bevor du ins Bett gehst!“ Elisa war erzürnt darüber, wie Robert sich gerade mal wieder verhielt. Sie wollten schlafen gehen, aber Robert hatte sich noch etwas zu essen gemacht und, anstatt das Geschirr abzuspülen, wollte er einfach die Treppe hoch ins Schlafzimmer trotten. Elisa räumte oft hinter Robert her und es stank ihr gewaltig. Sie hatte einfach keine Lust mehr, ihr Leben damit zu verbringen, nicht nur ihre Sachen wegzuräumen, sondern sich auch darum zu kümmern, dass Robert seine Sachen wegräumte. Er war erwachsen und sollte doch wissen, wie man Ordnung hielt. Es belastete sie sehr und sie fühlte sich auch persönlich beleidigt, denn Robert setzte oft voraus, dass sie etwas wegräumte – vor allen Dingen, weil sie ja ein wenig öfters zu Hause war als er. Aber wie sollte es auch anders sein? Robert arbeitete voll und hatte seinen Sport. Elisa machte zu Hause Sport und hatte nur eine 80-Prozent-Stelle. Natürlich war sie häufiger zu Hause, aber gab es Robert deswegen das Recht, dass Elisa alles im Haushalt alleine machen musste und hinter ihm her räumen sollte? Sie empfand es als respektlos und wehrte sich vehement. Oft stritten die beiden bis in die Nacht und kamen zu keiner Einigung. Vor allen Dingen Robert rückte nicht von seiner Meinung ab, dass Elisa ja viel mehr Zeit hätte und deswegen natürlich alles übernehmen könnte, worauf er keine Lust hatte. Für ihn war es einfach und er war es ebenfalls nicht anders gewohnt, denn auch seine Mutter hatte zu Hause immer hinter seinem Vater hinterhergeräumt. Sie tat es damals gerne und für ihn war es deswegen selbstverständlich, dass seine neue Partnerin auch hinter ihm her räumte, so wie es seine Mutter getan hatte. Für ihn war es eine Art der Zuneigung und Wärme, wenn er wusste, dass da eine Frau war, die sich um ihn kümmerte. „Ich bin nicht deine Mutter“, sagte Elisa immer wieder im Streit, doch Robert verstand diesen Satz nicht. Natürlich war sie nicht seine Mutter, sie war seine Freundin – und auch als Freundin hatte sie gewisse Verpflichtungen seiner Meinung nach.

Elisa gab zwar oft nach, aber glücklich war sie darüber nicht. Sie hoffte tief in ihrem Inneren, dass sich eines Tages etwas änderte.

Aber Robert fand immer mehr neue Möglichkeiten, sie an den Rand der Verzweiflung zu bringen. Eines Donnerstagabends saßen sie beim Essen und er sagte zu ihr: „Ach übrigens, die Jungs und ich fahren dieses Wochenende ins Elsass.“

Elisa schaute ihn entgeistert an. Es folge ein endloser Streit darüber, warum Robert das einfach so alleine entschieden hatte und wie respektlos Elisa sich behandelt fühlte.

Die Beziehung schien aussichtslos, wenn sich nicht schleunigst etwas änderte. Doch keiner der beiden wollte sich eine Schuld eingestehen.

Auf den ersten Blick könnte man meinen, dass nur Robert Schuld trug. Was ist deine Meinung dazu? Wer von den beiden trägt eine größere Schuld?

Mache dir einmal in Ruhe Gedanken darüber, wer deiner Meinung nach in einer Beziehung die Hosen anhaben sollte und wer in unserem Beispiel die Schuld an dem Streit trägt.

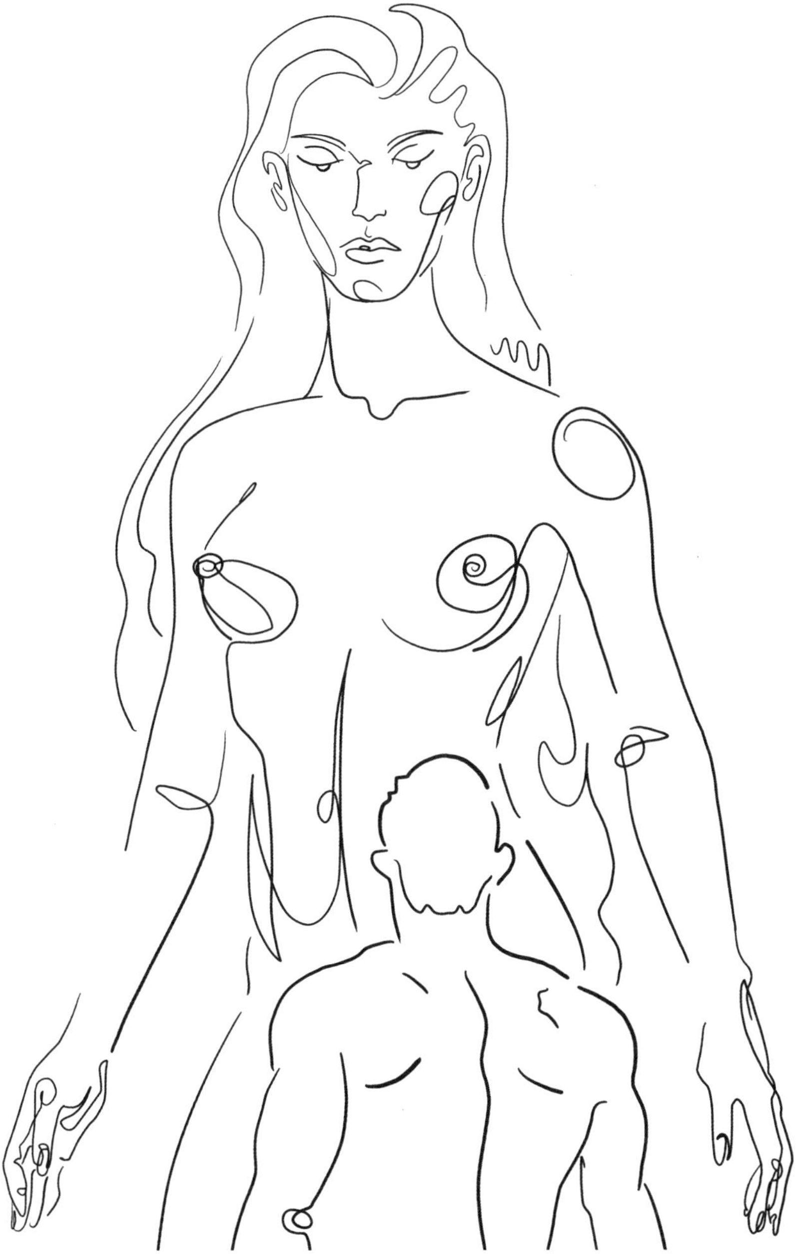

Auflösung

Oft wird in Konflikten vor allen Dingen bei Beziehungen und Ehen ein Schuldiger gesucht. Es erscheint naheliegend, ihm dann die Aufgabe zuzuteilen, etwas zu ändern, damit sich alles zum Guten wendet. Macht er das nicht, dann ist er weiterhin der Böse. So wie in unserem Beispiel von Robert und Elisa.

Auf den ersten Blick hast du sicherlich auch Robert als den Übeltäter erkannt. Doch was ist der wahre Grund für den Streit der beiden?

Es geht nicht darum, einen Schuldigen zu suchen. Ja, Elisa ist unzufrieden. Aber es geht nicht darum, dass sich Robert jetzt so verändert, wie es Elisa passt. Viel eher sollte sich jeder für sich Gedanken darüber machen, welche Werte er mit in die Beziehung bringt.

Denn nicht Robert ist „schuld", dass sie Streit haben, sondern Roberts Werte stimmen nicht mit Elisas Werten überein.

Wir sollten uns davon entfernen, einen Schuldigen zu suchen oder mit dem Finger auf den anderen zu zeigen.

Zunächst sollte die Erkenntnis als solche im Vordergrund stehen, dass die beiden unterschiedliche Werte haben und aufgrund dessen streiten.

Wenn ein Paar die gleichen Wertevorstellungen hat, dann ist es fast konfliktfrei. Sie stimmen in allen großen und kleinen Entscheidungen überein und können deswegen ohne viel Streit ihre Beziehung pflegen und genießen.

Sie werden auch Diskussionen haben oder an Grenzen stoßen, aber durch die Überschneidung ihrer Werte sind diese schnell beigelegt und kommen in der Regel nicht so schnell wieder.

Woher stammen Werte? Bereits als Kinder haben wir Werte vorgelebt bekommen. Von unseren Eltern, aber auch von anderen Menschen in unserem Umfeld. Auch Lehrer haben einen großen Einfluss darauf, welche Wertphilosophie wir als Erwachsene leben.

Auch vorangegangene Liebesbeziehungen sorgen dafür, dass wir Werte anpassen oder entwickeln. Du weißt dann genau, was du willst und was du nicht willst.

Bist du dir deiner Werte nicht bewusst, dann wird es umso schwieriger, eine Partnerin zu finden, die mit deinen Werten konform geht.

Nimm dir mindestens eine Woche Zeit, dir über deine Werte bewusst zu werden, und schreibe sie auf einem Papier nieder.

Nutze dafür die folgenden Fragen:

1. Wer sollte deiner Meinung nach das Sagen in einer Beziehung haben? (Beide gleich viel oder einer mehr?)
2. Möchtest du, dass deine Partnerin zu dir aufsieht?
3. Wünschst du dir, dass ihr gemeinsam Entscheidungen trefft?
4. Willst du in gewissen Dingen die Oberhand haben und nicht nur für dich, sondern auch für andere entscheiden?
5. Magst du es, wenn du dich um deine Partnerin kümmern kannst?
6. Gibt es dir Energie, wenn sich deine Partnerin um dich kümmert?

Bevor du die Werte inhaltlich füllst, machen wir uns erst einmal Gedanken über die wichtigste Frage in einer Beziehung, die oft Brautpaaren aus Spaß auf einer Hochzeit gestellt wird: „Wer hat bei euch die Hosen an?"

Was viele Lacher bringt und natürlich oft auch ein Schmunzeln der Brautpaare, ist einer der wichtigsten Punkte, warum eine Beziehung scheitert.

Hat die Frau die Hosen an und immer das letzte Wort, dann wird der Mann deutlich in seiner Männlichkeit beschnitten und darf diese nicht leben.

Hat nur der Mann die Hosen an und entscheidet alles, dann wird er nicht immer im Sinne seiner Frau handeln und diese wird sich zurückgesetzt fühlen.

Entscheiden beide gleichermaßen und wollen sich immer in allem einig sein, dann werden zwar Kompromisse gemacht und jeder wird gehört, aber in einigen Situationen wird auch unnötig viel diskutiert, was einer schnell hätte entscheiden können.

Die Antwort darauf, was hier gut oder besser ist, kann also nicht pauschal beantwortet werden. Sondern muss individuell für jedes Paar passen.

Doch eine dieser drei Varianten führt unausweichlich dahin, dass die Frau mit der Zeit den Respekt vor ihrem Mann verliert. Was glaubst du, welche Variante ist das?

Es ist die Variante, wenn die Frau die Hosen anhat. Sie glaubt, sie hat die Macht über ihren Partner. Man beobachtet häufiger die Situation, wenn eine Frau vor ihren Freundinnen über ihren Partner spricht. „Der macht eh, was ich will" oder „Ich weiß schon, wie ich das bekomme, was ich will" sind nur ein paar Beispiele von Sätzen, die hier fallen können.

Was anfänglich als Spaß verkauft wird oder als liebevolles Lenken, führt nach einigen Jahren zu einem deutlichen Verlust des gegenseitigen Respekts.

Er fühlt sich von ihr nicht gesehen und als Mann wahrgenommen. Sie denkt, sie bekommt immer ihren Willen und kann ihn steuern wie einen Hund.

Durch die Emanzipation der Frau ist klar, dass es bei dieser Art von Macht nicht darum geht, mehr zu verdienen oder der Frau zu sagen, wann sie das Haus verlassen darf.

Die Gleichberechtigung setzen wir hier voraus. Sie ist richtig und wichtig und muss weiterverfolgt werden.

Durch ebendiese Entwicklung in unserer Geschichte ist in Beziehungen aber parallel auch etwas passiert. Die Frau schaufelt sich frei und möchte auch in der Beziehung entscheiden und einbezogen werden. Die Art und Weise, wie dies teilweise hinterrücks umgesetzt wird, fühlst zu ebendiesen Problemen.

Deswegen dürfen Paare wieder neu lernen, wie sie eine moderne und respektvolle Beziehung führen. Eine Beziehung, die gleichberechtigt geführt wird, aber die dennoch die Aspekte von Mann und Frau miteinbezieht.

Im Sinne des psychologischen Geschlechts finden wir Attribute von Männlichkeit und Weiblichkeit. Diese lassen sich auch nicht durch Emanzipation außer Kraft setzen, denn gleichberechtigt bedeutet nicht gleich sein. Sowohl in Männern als auch in Frauen wohnen beide Energien. Eine Frau hat auch Momente der Männlichkeit und ein Mann Momente der Weiblichkeit. Das Gleichgewicht ist entscheidend, um auch in einer Beziehung harmonisch im Einklang zu leben.

Was zählt zu Männlichkeit?

- Stärke (nicht nur physische, sondern auch emotionale)
- Energie, aktiv
- Dominanz
- Entscheidungen treffen
- Führen, Zielorientiertheit
- Durchsetzungsvermögen

Was zählt zu Weiblichkeit?

- Genießen
- Zurücklehnen

- Gefühle zeigen
- Mitgefühl
- Verständnis
- Herzlichkeit
- Vertrauen

Wo findest du dich aktuell wieder? In welcher der beiden Perspektiven wärst du gerne mehr zu Hause?

Arbeite ab sofort daran, deine männliche und weibliche Seite zu erforschen. Führe dafür gerne ein Tagebuch, um festzuhalten, wann du mehr in deiner Männlichkeit und wann in deiner Weiblichkeit bist. Du wirst feststellen, dass es aktuell ein Ungleichgewicht gibt, das du leicht ausgleichen kannst, indem du dir den Zustand bewusst machst.

Vor allen Dingen Männer, die eine starke weibliche Seite zeigen, ziehen eher Frauen in ihr Leben, die eine starke maskuline Seite haben. Dies führt am Ende jedoch dazu, dass der Mann stark gelenkt wird und die Beziehung geprägt ist von Streit und Unwohlsein. Denn auch eine Frau, die eine starke maskuline Seite zeigt, möchte sich auf ihren Partner verlassen können, wünscht sich, dass er Entscheidungen trifft und einen Rahmen schafft, in der sie sich wohlfühlt.

Nachdem du nun mehr über die beiden Attribute gelernt hast, schauen wir uns erneut die Situation von Elisa und Robert an. Was glaubst du, wer ist mehr in seiner Männlichkeit und wer mehr in seiner Weiblichkeit?

Elisa ist aktuell durch ihre Verantwortung mehr in ihrer männlichen Rolle gefangen. Sie geht arbeiten, regelt ihr Leben und kümmert sich on top auch um Robert und seine Rahmenbedingungen. Sie ist der Motor, der überwiegend ihr beider Leben am Laufen hält.

Robert hingegen lässt sich fallen. Er genießt sein Leben und überlässt Elisa weitestgehend die Kontrolle. Er bäumt sich zwar auf und folgt ihr nicht wie ein Hund, aber durch sein Verhalten ist er mehr in seiner Weiblichkeit gefangen und lässt Elisa alles regeln.

Dadurch erlebt er in verschiedenen Situationen etwas wie eine zweite Pubertät. Er wird gerügt, weil er den Abwasch nicht gemacht hat, und lässt seine Socken liegen. Er will am Wochenende spontan mit den Jungs einen drauf machen und hat das Gefühl, er muss aktiv werden, sonst zieht sein Leben an ihm vorbei.

Elisa verachtet ihn für sein respektloses Verhalten, was ihm noch mehr an Energie und Stärke nimmt, etwas zu verändern.

Hier haben wir klassischerweise die häufig geführte Diskussion. Was war zuerst da? Das Huhn oder das Ei?

War zuerst das respektlose Verhalten von Elisa im Vordergrund, die Robert nichts zutraut? Oder war es Robert, der keine Verantwortung übernehmen wollte und Elisa daraufhin immer mehr triggerte?

So genau kann man es im Nachhinein nicht mehr herausfinden – und wichtig ist es auch nicht. Wichtig ist, dass die beiden sich gemeinsam wieder darüber bewusst werden, welche Rollen und Werte sie leben und was das für einen Einfluss auf ihre gemeinsame Beziehung hat.

Übung:

Fragen, die du dir stellen kannst:

1. In welchen Situationen wird aktiv oder passiv gehandelt?
2. Muss ich überall die Kontrolle haben und werde wütend, wenn ich merke, dass ich sie nicht habe?
3. Oder bin ich komplett passiv und lasse alles schweigend über mich ergehen, obwohl mich das unglücklich macht?

4. Habe ich ein gutes Verhältnis zu meiner Mutter und meinem Vater?
5. Was kann ich an ihnen nicht leiden?
   Z. B. Aggressivität, Hilflosigkeit etc.

Das Verhältnis zu deinen Eltern gibt einen weiteren Ausschlag, zu welchem der beiden Attribute du dich mehr hingezogen oder abgestoßen fühlst. Bist du von einer sehr dominanten Mutter großgezogen worden, dann fühlst du dich wohler in der weichen Rolle und lehnst alles Dominante ab.

Hast du hingegen eine sehr schwache Mutter erlebt, der vieles zu viel war, dann wirst du mitunter ein Problem mit Weiblichkeit haben und dich deswegen nur in der Führung und Männlichkeit wohlfühlen.

Lies dir dazu noch einmal die beiden verschiedenen Attribute mit ihren Merkmalen durch (s. o.).

Wer hat das Recht, über wahres Glück in Ehe und Beziehung zu entscheiden? Am Ende natürlich nur ihr beide selbst.

Wer glücklicher ist oder ein zufriedeneres Leben führt, ist müßig zu überlegen, denn dann liegt dein Fokus nie bei dir, sondern immer nur im Leben der anderen oder was hätte sein können.

Lass los und erforsche individuell für dich, wie du deine männliche und weibliche Seite ab sofort leben möchtest. Du wirst für dich die richtige Balance finden.

KAPITEL 9

5 Säulen der gesunden Beziehung

Deine Ich-Beziehung
Kommunikation
Sprache der Liebe
Kritik und Veränderung
Zeit miteinander

Bringen wir nun zusammen, was du bisher über dich und Beziehungen gelernt hast. Bringen wir all das in Einklang und verstehen, wie viel wir selbst kontrollieren und ins Positive steuern können. Do ist eine gute Beziehung kein Zufall mehr, sondern das Endergebnis unserer reflektierten Arbeit mit uns und unserem Partner.

Du brauchst für eine gute Beziehungsarbeit aktuell keinen Partner. Auch als Single solltest du dir stets über deine Werte, deine Männlichkeit, deine weiblichen Attribute und deine Kommunikation bewusst sein. Deswegen mach an dieser Stelle bitte nicht Halt, sondern lies weiter und baue deine eigenen Säulen einer gesunden Beziehung mit dir selbst auf.

Eine Partnerin an deiner Seite wird dann auch eigene Werte und Vorstellungen mit einbringen und ihr baut gemeinsam neue Säulen.

1. DEINE ICH-BEZIEHUNG

Konstantin schaute Franziska schüchtern an. Immer wieder hatte er die Hoffnung, dass sie ihn auch so mochte wie er sie. Immer wieder hoffte er, dass das passierte, was eigentlich schon komplett ausgeschlossen war. Schon allein, wenn man ihr Verhalten und die Art, wie sie mit ihm redete, beobachtete, war klar, dass sie in dieser Freundschaft nicht mehr sah als einfach nur eine Freundschaft. Dennoch hatte Konstantin nach jedem Treffen dieses Gefühl von Schwerelosigkeit und Schmetterlingen im Bauch und bildete sich ein, dass sie dieses Gefühl eben auch spiegelte und genauso empfand. Trotzdem konnte er sich nie dazu durchringen, wirklich auf sie zuzugehen oder ihr seine Gefühle zu gestehen. Eigentlich wusste er, dass es keinen Sinn hatte, denn wenn die Signale von seiner Seite nicht gesendet wurden, dann konnte sie auf keinen Fall wissen, dass er etwas für sie empfand. Ebenso war es auf ihrer Seite so, dass sie natürlich keine Signale sendete. Es war für jeden somit relativ eindeutig, dass sie nur gute Freunde waren. Dies betonte Franzi auch immer wieder, zumal sie jetzt auch einen Freund hatte.

Trotzdem blieb in Konstantins Kopf der kleine Funke Hoffnung, dass aus den beiden immer noch ein Liebespaar werden könnte. Konstantin hatte von sich selbst eine geringe Meinung. Er war sehr schüchtern und ergriff in Gruppen selten das Wort. Er war häufig in der Gegenwart von Frauen so schüchtern, dass er einfach nur auf den Boden schaute und leise dem Gespräch lauschte. Seine eigene Meinung vor Frauen sagen, das konnte er noch nie, das konnte er schon bei seiner Mutter nicht. Diese war sehr dominant und hatte ihn alleine großgezogen. Aber auch später in der Schule und dann auch in Ausbildung und Arbeit fiel es ihm schwer, seine eigene Meinung zu sagen, und er wurde eher fremdbestimmt von Kollegen und Chefs. Dies spiegelte sich auch in seinen Liebesbeziehungen wider, wenn Konstantin eine Freundin hatte. Seine

Freundinnen waren zumeist sehr unzufrieden und fühlten sich von seiner schüchternen, zurückhaltenden Art abgestoßen.

Sexuelle Energie oder Leidenschaft waren für ihn ein Fremdwort, was ebenfalls dazu führte, dass seine Freundinnen schnell das Interesse an ihm verloren.

Aber woher nehmen, wenn nicht stehlen? Konstantin führte eine sehr ungesunde „Ich-Beziehung" und war deswegen auch nicht in der Lage, seine Qualitäten nach außen zu zeigen.

Eines Tages fasste er sich abends ein Herz und gestand Franzi seine Liebe. Sie schaute ihn verwundert an und wusste zunächst nicht, was sie sagen sollte. Mit hoffnungsvollem Hundeblick schaute er sie an und wartete. Seine Lippen zitterten und er klammerte sich an seinem Wasser fest.

Endlich fand Franzi ihre Sprache wieder und erklärte Konstantin, dass sie ihn zwar freundschaftlich mochte, sich aber niemals etwas mit ihm vorstellen konnte. Er war wie ein Bruder für sie. Sie sagte ihm aber auch, dass sie es sich bereits gedacht hatte und auch oft von anderen darauf angesprochen wurde.

Es war die Art, wie er sie ansah und sich in ihrer Gegenwart verhielt, was jeden, der etwas aufmerksam war, stutzig machte.

Männer, die heimlich lieben, glauben häufig, dass die Frau und auch alle anderen nichts davon merken und wissen. Sie leben so in ihrer Blase voll von Liebe und Bedürftigkeit, dass sie nicht wahrnehmen, dass sich etwas an ihrem Verhalten ändert, wenn die Angebetete in der Nähe ist.

Mache dir bewusst, dass es auch dir passieren kann, wenn du dich heimlich verliebt hast. Die Liebe aus der Ferne ist eine einseitige, unbefriedigende Liebe. Sie führt dazu, dass du dich, je länger du sie empfindest, auf den Kopf stellst, um von ihr wahrgenommen und auch geliebt zu werden.

Das äußert sich häufig durch alle Sprachen der Liebe gleichzeitig. Du schenkst ihr unverhältnismäßig große oder teure Geschenke. Du schenkst ihr permanent Worte der Anerkennung. Du willst sie häufiger sehen als andere deiner Freunde und wenn ihr euch seht, willst du immer in ihrer Nähe sitzen, neben ihr laufen und über ihre Themen sprechen. Die Liste ist unendlich lang, wie sich ein verliebter Mann einer Frau gegenüber verhält, die er heimlich liebt.

Je länger die heimliche Liebe geht, desto stärker werden deine Liebesbekundungen, weil sie nicht erwidert werden. Somit bleibt deine Sehnsucht der Liebe unbefriedigt und wird immer stärker.

Genau das ist Konstantin mit Franzi passiert. Auf dem Weg dahin, während seine Sehnsucht zu ihr immer größer wurde, hat er immer mehr seine „Ich-Beziehung“ aus den Augen verloren. Er ging nicht mehr so oft mit anderen Freunden weg und andere Frauen verglich er immer mit Franzi. Er hatte immer weniger Dates, bis er schließlich gar nicht mehr auf der Suche war.

Es war wie ein Schlag ins Gesicht, als Franzi ihm plötzlich sagte, dass sie nicht so empfand wie er. Er fühlte sich wie damals bei der Ice-Bucket-Challenge, als ihm ein großer Eimer mit eiskaltem Wasser übergegossen wurde. Diese Challenge hatte er im Übrigen auch nur gemacht, weil Franzi sie gemacht hatte.

Die beiden sprachen noch kurz und dann trennten sich ihre Wege. Konstantin überlegte lange, ob er Franzi nochmal schreiben sollte. Er verkniff es sich und nahm sich endlich mal wieder Zeit, sich mit seinen Gefühlen bezüglich sich selbst aktiv auseinanderzusetzen. Der Moment mit Franzi war für ihn ein absoluter Tiefpunkt.

Ihm wurde langsam klar, dass er seine ganze Macht und sein Wohlbefinden davon abhängig gemacht hatte, ob eine Frau ihn mochte. Ungeachtet dessen, dass er sich selbst gar nicht so sehr mochte.

Das sollte sich ab sofort ändern. Konstantin kam zu mir ins Coaching und wir fingen an, an seiner „Ich-Beziehung“ zu arbeiten.

Wie du damit anfängst, hast du bereits in Kapitel 1–3 gelernt.

Wir fokussieren uns jetzt noch einmal ganz genau auf deine persönlichen Qualitäten. Jeder Mensch hat etwas Besonderes an sich und Eigenschaften, die es in dieser Kombination bei niemand anderem mehr gibt.

Notiere 10 Dinge, die du an dir besonders toll, einzigartig oder liebenswert findest.

Mache dir keine Sorgen, wenn es etwas länger dauert. Nimm dir ruhig mehrere Tage Zeit, diese 10 Eigenschaften zu notieren.

In welchen Situationen gibst du dir selbst die Chance, die Eigenschaften wahrzunehmen und positiv anzuerkennen?

Das könnte zum Beispiel so aussehen:

Ich kann Menschen sehr gut zuhören, sie vertrauen mir und öffnen sich bei mir mit ihren Sorgen, Problemen und Herausforderungen. Gemeinsam finden wir Lösungen und sie fühlen sich dadurch besser. Das gibt mir ein gutes Gefühl. Ich nutze mein Talent, anderen zu helfen, und fühle mich dadurch wichtig und wahrgenommen.

Gehe die nächste Zeit wiederholt in diese Übung hinein und setze sie aktiv in der Praxis um. Versteckst du deine positiven Seiten? Hast du Bedenken, sie zu zeigen, und wenn ja, warum?

Traue dich jeden Tag ein wenig mehr, dich selbst der Welt zu zeigen mit all deinen Facetten.

Im abendlichen Dankbarkeitsjournal kannst du dies reflektieren, aufschreiben und so mit jedem Tag über dich hinauswachsen.

Habe Geduld und arbeite kontinuierlich an deiner „Ich-Beziehung“. Verliebe dich neu. In dich.

2. KOMMUNIKATION

Eine respektvolle Kommunikation ist das A und O jeder gesunden Beziehung. Auch in Freundschaften steht sie hoch im Kurs. Oder hast du schon einmal einen Freund behalten, der dich respektlos behandelt?

Die Kommunikation geht jedoch auch noch in eine Richtung, die dir teilweise noch nicht bewusst ist: die respektvolle Kommunikation mit dir selbst.

Die Stimme in deinem Kopf, die dir sagt, dass du etwas nicht kannst oder nicht gut genug bist.

Deswegen ist die Säule der Kommunikation eine der stärksten und wichtigsten bei der gesunden Beziehung. Weil sie nicht nur andere Menschen betrifft, sondern auch deine Kommunikation dir selbst gegenüber.

Bei der Kommunikation geht es nicht nur darum, dass man es macht und nicht Dinge in sich hineinfrisst, sondern es geht auch darum, wie du etwas formulierst.

Stell dir vor, du fragst dich:

Warum bin ich ein schlechter Partner? Warum ist meine Freundin mit mir unglücklich? Warum kann ich das nicht so gut wie andere?

Dann stellst du dir automatisch Fragen, die dein Kopf nur mit negativen Argumenten beantworten kann. Denn du hast ja danach gefragt, warum du es **nicht** kannst.

Wie kannst du dir selbst offene und lösungsorientierte Fragen stellen, damit du dir selbst Argumente lieferst, was die Lösung sein könnte?

Wie kann ich es schaffen?

Warum bin ich gut darin?

Was motiviert mich weiterzumachen?

Wie kann ich ein guter Partner für meine Freundin werden?

Was braucht meine Freundin?

Was brauche ich?

Was möchte ich verändern?

Wie kann ich es schaffen, offener zu werden?

Wie kann ich es schaffen, ihr die richtigen Signale zu senden?

Was motiviert mich, an meinen Zielen zu arbeiten?

Welche positiven Fragen werden dir dabei helfen, deine Ziele zu erreichen und an einer gesunden Kommunikation mit dir selbst und anderen zu arbeiten?

3. DIE SPRACHEN DER LIEBE

In Kapitel 7 hast du bereits gelernt, was es mit den Sprachen der Liebe auf sich hat. Auch sie gehören zu den Säulen der gesunden Beziehung.

Hast du dich mit Kapitel 7 und deiner Sprache der Liebe auseinandergesetzt?

Hast du verstanden, dass jede Sprache von dir gesprochen werden sollte und dass dein Gegenüber eventuell eine andere Sprache der Liebe spricht?

Denke immer daran, auch bei Familie und Arbeit oder in Freundschaften. Die Sprache der Liebe kommt immer zum Tragen und kann deine Beziehungen deutlich verbessern.

4. KRITIK UND VERÄNDERUNGEN

„Stillstand ist Rückschritt", hat mal jemand gesagt und es möglicherweise auch genau so gemeint. Sobald wir verharren und alles beim Alten bleibt, aber sich alles um uns herum verändert, entwickeln wir uns zurück. Es ist, als würdest du auf der Autobahn an einer Raststätte stehen bleiben und einfach nicht weiterfahren. Das Ziel vollkommen aus den Augen verloren bleibst du dort, wo du bist.

Vor allem in Beziehungen ist eine respektvoll formulierte Kritik und eine Veränderung im Anschluss wichtig, damit das Miteinander harmonisch bleibt. Bedürfnisse können sich ändern und manche Situationen treten nicht jeden Tag auf, sodass sie individuell besprochen werden möchten.

So war es auch bei Nina und Paul, die seit einigen Jahren eine mehr schlecht als rechte Beziehung führten. Sie stritten des Öfteren und natürlich hatten sie auch einiges aneinander auszusetzen. Paul war sehr sportlich, Nina eher gemütlich. Ab und zu störte das Paul sehr, denn er wollte gerne am Wochenende Fahrradtouren machen oder einfach mal wandern gehen. Nina wollte lieber auf dem Balkon in der Sonne brutzeln oder fernsehen. Für sie war es nicht schlüssig, dass man in seiner Freizeit auch noch auf Bewegung aus war, obwohl man ja schon im stressigen Arbeitsleben ständig on tour war.

Nina war Vertrieblerin und hatte viel Kundenkontakt. Erholung bedeutete für sie: nichts tun und mit niemandem sprechen. Paul hingegen hatte eine sitzende Tätigkeit in einem Büro. Er koordinierte Aufträge und war für Planung zuständig. Er hatte zwar ab und zu auch Kundenkontakt, aber das war nicht seine Hauptaufgabe. Er wollte gerne raus, etwas erleben, für ihn bedeutete Erholung einen Tapetenwechsel.

Wie sollen sich zwei so unterschiedliche Menschen wie Nina und Paul einig werden? Glaubst du, dass ungleiche Paare eine Zukunft miteinander haben?

Die Antwort ist stets die gleiche: Mit einem starken Fundament und den 5 Säulen der Beziehung hat sie eine Zukunft.

Oftmals hörten sich die Vorwürfe von Paul an Nina so an: „Du bist so faul. Wie kannst du nur immer noch im Schlafanzug sein, Nina? Hast du keinen Anspruch an dich? Wir haben schon 14 Uhr und die Sonne scheint. Was soll das?“

Ninas Reaktionen war dann ungefähr so: „Was soll das! Ich werde ja wohl nach einer anstrengenden Woche einfach mal chillen dürfen ohne deine blöden Kommentare. Du rennst hier schon seit sieben Uhr rum und machst Krach. Mit dir kann man nicht mal kuscheln. Dann geh doch, wenn ich dir zu langweilig bin.“

Übersetzen wir mal kurz, was die beiden eigentlich sagen wollten und eigentlich meinten:

Paul: „Ich wünsche mir, dass du mit mir zusammen aktiv bist. Ich liebe dich und will deswegen nicht immer alles alleine machen. Ich weiß, du brauchst eine Pause, aber dadurch, dass ich so viel Energie habe, kann ich nicht nachvollziehen, dass deine Pause so lange dauert und beinhaltet, dass du tagsüber im Schlafanzug bist."

Und Nina meinte eigentlich: „Mich verletzt es, dass du von dir auf mich schließt. Wir sind zwei unterschiedliche Menschen. Ich habe einen Job, der mich sehr fordert, deswegen fühle ich mich ausgelaugt und muss Dampf ablassen, indem ich mich gehen lasse. Dies ist für mich der Ausgleich, den ich brauche, um nächste Woche wieder Vollgas geben zu können. Mein Job verlangt mir viel ab und ich kann das aktuell am Wochenende nicht so gut runter regulieren. Ich wünsche mir, dass du mehr Verständnis für mich hast und einfach auch mal mit mir kuschelst."

Nina und Paul wollen unterschiedliche Dinge. Aber eins ist sicher: Sie wollen vor allen Dingen Zeit miteinander verbringen.

Und das führt uns zur fünften Säule einer gesunden Beziehung, die die Beziehung von Nina und Paul gerettet hat. Andernfalls wären sie heute vielleicht gar nicht mehr zusammen.

5. ZEIT ZU ZWEIT

Die Zeit zu zweit ist ein wichtiger Punkt für eine gesunde Beziehung. Keine Beziehung hat Bestand, wenn ihr euch keine Zeit füreinander nehmt.

Paul und Nina haben sich hingesetzt und sich einmal in Ruhe ausgesprochen. Nina hat Paul erklärt, wie müde und angespannt sie aktuell ist und dass sie durch ihre Arbeit einfach nicht die Energie hat, auch am Wochenende Vollgas zu geben. Paul hingegen fühlte sich nicht ausgelastet und hatte viel Spaß in der Natur und an der Bewegung.

Sie fühlten und verstanden einander und suchten nach einer Lösung. Samstag gehörte ab sofort eher Nina und Sonntag gehörte Paul. Sie starteten das Wochenende mit einem entspannten Frühstück und Nina durfte ausschlafen so lange sie wollte. Paul unternahm in der Zeit eine Fahrradtour oder ging zum Sport.

Er verhielt sich zu Hause etwas leiser und verabredete sich mit Freunden oder der Familie, während Nina ihre Me-Time hatte.

Am Nachmittag machten sie einen kleinen Spaziergang oder erledigten Einkäufe. Abends gingen sie essen oder verabredeten sich mit Freunden.

Sonntags durfte Paul sich etwas aussuchen und Nina unternahm sogar ab und zu eine kleine Fahrradtour mit ihm. Er ging hierbei auf sie ein und wollte keine 20-km-Radtour machen. Sie fanden neue kleine Wege, die sie gemeinsam erkunden konnten, und kehrten in romantischen, süßen Restaurants ein.

Nina entwickelte Spaß an den Ausflügen und Paul wurde zu Hause auch etwas gemütlicher. Es war zwar eine Annäherung mit Kompromissen, aber keiner von beiden verlor etwas. Im Gegenteil, sie gewannen beide etwas Besonderes dazu: das Verständnis füreinander und die Bedürfnisse des anderen.

Alles hätte anders ausgehen können, wären Paul und Nina nicht meinen fünf Säulen einer glücklichen Beziehung gefolgt.

Allen Herausforderungen zum Trotz sind sie es angegangen, weil ihnen der jeweils andere einfach zu wichtig war.

Bevor wir eine Beziehung beginnen, dürfen wir uns fragen, ob wir bereit sind, die fünf Säulen der gesunden Beziehung zu errichten und zu pflegen. Einmal stabil aufgestellt ist es fast unmöglich, sie wieder einzureißen.

KAPITEL 10

Schatz, willst du dich scheiden lassen?

Achim schaute Birgit verächtlich an. Wie konntes es nur so weit kommen? Wie konnte er sich so blenden lassen und so viele Jahre mit dieser Frau verschwenden? Wut stieg in ihm hoch. Nicht nur die Wut auf Birgit, sondern auch die Wut sich selbst gegenüber, dass er nicht schon früher reagiert hatte.

Natürlich, die Schmetterlinge waren irgendwann mal stärker gewesen. Sie waren irgendwann mal da gewesen. Aktuell spürte er davon nichts mehr. Da waren keine Schmetterlinge mehr in seinem Bauch. Da waren Squashbälle, die mit gezielten Schlägen immer wieder gegen seine Bauchwand gespielt wurden. Einer fester als der andere. Da war ein Vulkan, der ausbrach. Etwas, das ihn vor Wut fast schäumen ließ. Da war tiefe, dunkelrote Wut.

Bei Birgit sah es nicht anders aus. Auch sie schämte sich in Grund und Boden, zu Achim Ja gesagt zu haben. Sie hätte viele andere Männer haben können, aber sie entschied sich für Achim. Er war anfangs so nett und voller Zuneigung ihr gegenüber gewesen. Er behielt sich trotzdem seine Freiheiten, ging zum Sport und hatte seine Kumpels. Auch sie ging ab und zu alleine aus und so gaben sie nach außen das perfekte Traumpaar.

Auch nachdem sie Kinder bekommen hatten, war das nicht anders. Jeder ging seinen Aufgaben nach und gemeinsam verbrachten sie tolle Urlaube und Wochenenden.

Die Veränderung schlich sich heimlich und leise zur Hintertür hinein. Es waren kleine Spitzen, die keiner von beiden zunächst bemerkte. Birgits Unverständnis, wenn Achim etwas später nach Hause kam, als er sagte. Oder Achims leicht belustigter Gesichtsausdruck, als Birgit versuchte, ihren Kleidungsstil aufzupeppen. Sie waren betriebsblind und irgendwo auch zu faul, sich aktiv damit auseinanderzusetzen. Dafür waren sie schon zu lange ein Paar, als dass solche Kleinigkeiten die beiden aus der Ruhe bringen würden.

Aus Kleinigkeiten wurden mit den Monaten aber größere Sachen. Ehe sich Birgit versah, stellte Achim eine neue Sekretärin ein. Groß und schlank, lange Beine und wallende blonde Haare. Eine Traumfrau schlechthin. Silke hatte makellose Zähne und volle Lippen. Ihre Nägel waren immer perfekte manikürt und ihre Outfits *on point*.

Sie machte einen super Job und die ganze Firma liebte sie. War mal viel zu tun, machte sie gerne Überstunden und man hörte nie ein Wort der Anstrengung oder Überlastung von ihr. Birgit stank das von Anfang an. Sie saß zu Hause mit den vier Kindern und schuftete sich ab. Achim hatte Geschäftsessen und Meetings und immer Silke an seiner Seite.

Sie gab die perfekte Vorzeigeehefrau. Bei Silke waren es die perfekte Frisur und ein strahlendes Lächeln. Bei Birgit tiefe Augenringe und Backofenhandschuhe.

Jedes Mal, wenn Birgit Silke sehen musste, zwang sie sich nett zu sein. Immerhin hatte Silke ihr nichts getan.

Eines Abends saßen Birgit und Achim auf der Couch und sahen einen Film. Es war einer dieser typischen Hollywoodfilme und gerade kam Jennifer Aniston schwungvoll herein. Sie tat so, als sei sie die Ehefrau eines erfolgreichen Schönheitschirurgen. Achim drehte sich zu Birgit um und sagte: „Wow, schau mal, das könnte Silke sein. Sie ist immer top gestylt. Unsere Kunden kommen so gerne in die Kanzlei, seit sie bei uns arbeitet.“

Birgit schaute ihn mit offenem Mund an. Anstatt etwas zu entgegnen oder ihm zu sagen, wie sie sich fühlte, nickte sie nur und lächelte matt. „Das ist super, Schatz“, sagte sie und widmete sich wieder dem Film.

Die restlichen 90 Minuten konnte sie an nichts anderes denken, sobald Jennifer Aniston den Raum betrat. Insgeheim hatte sie schon oft die Angst gehabt, dass Achim anfing, sie und Silke zu vergleichen.

Es wurde ein langer Abend. Birgit machte kaum ein Auge zu und wachte am nächsten Morgen unruhig und unausgeruht auf.

Die Wochen zogen ins Land und Achim verhielt sich ganz normal. In Birgit machte sich aber dennoch keine Erleichterung breit. Sie versuchte, ihre Angst zu unterdrücken, und machte weiter wie bisher.

Doch durch die neue Situation, dass sie sich Sorgen machte, wurde sie immer zynischer und schnippischer in Richtung Achim. Sie gab ihm freche Antworten oder weigerte sich, das zu kochen, was er gerne mochte. Sie ließ es heimlich an ihm aus, dass sie sich schlecht fühlte. Er tappte weiterhin im Dunkeln und fragte sich aber nach und nach, was mit seiner Frau los war.

Sie stritten immer häufiger und Achim begann wieder zu golfen, um weniger Zeit zu Hause verbringen zu müssen. Auch er ging der Situation aus dem Weg und suchte nicht nach einer Lösung, er suchte nach Fluchtwegen.

Zwischen den Jahren waren die Kinder bei ihren Großeltern und Birgit und Achim hatten seit Langem mal wieder ein paar Tage für sich. Sie entschieden allerdings nicht wegzufahren, weil es die letzten Monate so schlecht zwischen den beiden lief. Sie wollten zu Hause bleiben und einfach ausspannen.

Achim hielt die abgekühlte Stimmung schließlich nicht mehr aus und sagte eines Abends nach ein paar Gläsern Wein zu Birgit: „Sag mal, hast du eine Affäre?“

Sie schaute ihn entgeistert an. Die Schürze noch umgebunden und mit fettigen Haaren schaute sie ihn an und ihr fiel alles aus dem Gesicht. Diese Frage war für sie so beleidigend und auch gleichzeitig so passend, weil es gerade Achim war, der ihr eine Affäre unterstellte.

„Das sollte ich besser dich fragen“, schrie sie ihn an, zog die Schürze aus und knallte sie auf den Boden. „Mit wem sollte ich eine Affäre haben?“, erzürnte sich Achim. Er stand vom Tisch auf und ging auf sie zu. „Birgit, was soll das?“, fragte er sie. Birgit begann vor Wut zu weinen an und drehte sich weg. „Du meinst doch nicht etwa mit Silke?“, fragte er entgeistert. „Natürlich! Mit wem denn sonst?“, brachte Birgit schluchzend hervor. „Birgit, warum sollte sich eine junge Frau wie Silke für mich interessieren?“, wollte Achim wissen. „Sie ist jung und ihr stehen alle Türen offen. Ich bin ein Mitte-50-jähriger Mann mit Bierbauch.“ Er lächelte matt. „Das macht es nicht besser“, sagte Birgit.

Beide hatten mit der Zeit ihre Mitte verloren. Achims geringe Meinung von sich selbst übertrug sich darauf, wie er mit Birgit umging. Birgit verrann sich dermaßen in ihre große Angst, dass Achim sie austauschen würde, dass sie das Wesentliche gar nicht sah. Sie beide hatten sich ein Leben aufgebaut. Sie hatten vier wundervolle gesunde Kinder und ein schönes Haus. Alles war so, wie sie es sich immer gewünscht hatten, als sie noch jung waren. Dennoch kamen Probleme auf, die ihre ganze heile Welt durcheinanderbrachten.

Die beiden sprachen noch oft über diese Situation, doch so richtig kamen sie nie zu einem Ergebnis. Auch die Vertrautheit und das Wohlfühlen kamen nicht mehr wieder. Eines Tages trennten sie ihre Schlafzimmer und behandelten sich nur noch wie Bruder und Schwester. Sie unternahmen nach wie vor etwas mit den Kindern und gingen zusammen einkaufen. Wenn eine Renovierung oder Reparatur am Haus anstand, dann besprachen sie alles und gingen gemeinsam in Möbelhäuser oder zum Schreiner, um etwas auszusuchen. Doch das Paar in ihnen war verschwunden. Sie waren Mitbewohner, die sich alles teilten, rein zufällig auch verheiratet waren und Kinder hatten. Ab und zu gab es lustige Momente, in denen sie zusammen ausgelassen lachten oder sich gegenseitig aufzogen. Sie waren nett zueinander und auch der Respekt ging nie ganz verloren.

Gestritten wurde kaum noch; außer es ging um etwas, das die Kinder betraf. Sie lebten nach außen hin harmonisch. Würde man die

Nachbarn oder einen der Freunde fragen, dann waren die beiden das perfekte Paar. Man könnte sie fast beneiden um das, was die beiden hatten. Doch hinter verschlossenen Türen sah das Ganze anders aus. Abends schloss jeder seine Tür hinter sich und schaute Fernsehen oder las ein Buch.

Eines Abends machte Birgit den Abwasch und Achim las Zeitung am Esstisch. Plötzlich legte er die Zeitung weg und schaute sie ernst an. „Setz dich bitte, wir müssen reden“, sagte er. Birgit setzte sich und schaute ihn erwartungsvoll an. „Was ist?“, fragte sie. „Schatz, willst du dich von mir scheiden lassen?“, fragte er. Birgit schaute ihn an und überlegte kurz. Dann sagte sie aus dem Bauch heraus: „Ja.“

Die Sache war klar. Beide wollten diese Ehe nicht mehr. Sie hatten das Beste daraus gemacht. Die Kinder waren inzwischen größer und hatten eigene Freunde. Zwei waren sogar schon aus dem Haus. Es war an der Zeit, getrennte Wege zu gehen. Birgit und Achim vereinbarten einen Termin beim Anwalt und waren wenige Wochen später beim Amtsgericht. Sie fuhren an diesem Tag getrennt zum Termin. Vor der Tür begegneten sie sich und gingen gemeinsam rein.

Birgit hatte ein schwarzes Etuikleid an. Die Haare hatte sie sich zusammengebunden und war leicht geschminkt. Sie trug Ohrringe. Sie kamen Achim bekannt vor, aber er konnte sie nicht zuordnen. Vielleicht ein Erbstück, das er lange nicht mehr an ihr gesehen hatte.

Nach kurzer Wartezeit wurden sie in einen Raum gebeten. Sie mussten ein paar Fragen beantworten und sollten dann etwas unterschreiben. Die Scheidung war dann rechtskräftig. Birgit würde direkt im Anschluss ihren Mädchennamen wieder annehmen. Sie hatten vereinbart, dass Achim sich eine Wohnung suchte und Birgit die Mädchen behielt. Sie würden in Achims Wohnung ein Zimmer für Besuche bekommen. Sie hatten es gut aufgenommen und es sich teilweise schon gedacht, weil die Eltern so distanziert miteinander umgegangen waren die letzten Jahre.

Es war alles geregelt. Es fehlte nur noch die Unterschrift. Birgit trat nun vor und sollte unterschreiben. Sie beugte sich nach vorne und wollte gerade zur Unterschrift ansetzen, da verlor sie einen ihrer Ohrringe. Er kullerte auf den Boden und kam direkt vor Achim zum Stehen. Er hob ihn vorsichtig auf und legte ihn auf seine Handfläche. Der funkelnde Topas in Petrolblau leuchtete ihm entgegen. Er war in kostbares Rotgold eingefasst und mit 44 schillernden Brillanten umgeben. Er erinnerte sich jetzt, wann er diese Ohrringe zuletzt gesehen hatte. Sie gehörten seiner Urgroßmutter. Sie hatte Birgit diese Ohrringe für die Hochzeit gegeben, damit sie etwas Blaues hatte. Es sollte sie immer an ihre liebe Uroma erinnern und wofür die Liebe stand.

Seine Uroma war mit seinem Uropa 72 Jahre verheiratet gewesen, bis er starb. Sie führten eine liebevolle Ehe voller Höhen und Tiefen.

Einmal sagte er zu Achim: „Es geht nicht darum, wie lange ihr zusammen seid, sondern wie ihr die gemeinsame Zeit verbringt."

Achims Augen füllten sich mit Tränen. Er war nie der besonders gefühlsduselige Mann gewesen. Das brachte seine Arbeit als Anwalt so mit sich.

Birgit schaute ihn an, als wüsste sie, was in ihm vor sich ging.

„Lass uns eine Paartherapie machen", sagte er nur. Sie nickte. Er reichte ihr den Ohrring, den sie schnell wieder anzog. Sie entschuldigten sich bei den Anwesenden für die Unannehmlichkeiten und gingen zügig durch die Tür nach draußen. Achim griff nach ihrer Hand und zog sie näher. Er streichelte ihr über die Wange, so als würde er sie endlich wieder klar sehen. Die letzten Jahre waren an ihnen vorbeigezogen, aber sie zählten nicht.

Er beugte sich zu ihr, um sie zu küssen. Es war, als hätte er das ein halbes Leben nicht mehr getan.

„Sehen wir uns zu Hause?", fragte er. „Ja", antwortete sie.

Nicht jedes Paar hat das Glück, so kurz vor knapp wieder zusammenzufinden, wie es Achim und Birgit getan haben. Für manche Paare ist es auch besser sich zu trennen, um wieder Ja zu sich selbst zu sagen.

Wer das entscheiden darf? Niemand – außer die beiden selbst.

Du fragst dich jetzt sicherlich, was die beiden beim Paartherapeuten gemacht haben? Sind sie heute noch zusammen? Ich kann dir verraten: Ja, sie sind es und sie haben mir ein paar Fragen für dich mitgegeben, die du heute für dich und vielleicht irgendwann mit deinem Partner zusammen beantworten kannst.

1. Was magst du an mir?
2. Was magst du an uns?
3. Worauf bist du am meisten stolz?
4. Woran denkst du immer gerne zurück, was wir erlebt haben?
5. Was ist das Mutigste, was du in deinem Leben getan hast?
6. Was ist die schönste Erinnerung in deinem Leben?
7. Wenn du heute sterben würdest, was würdest du bereuen, nicht gesagt zu haben?
8. Was möchtest du gerne noch mit mir erleben?
9. Was ist deine schmerzhafteste Erinnerung?
10. Was unterscheidet uns beiden von anderen Paaren?
11. Was ist unser persönliches Liebeselixier?
12. Warum hast du dich damals in mich verliebt?
13. Wohin möchtest du mit mir gerne einmal reisen? / Was wollen wir noch sehen?
14. Was sind für dich wichtige Aspekte in einer Beziehung?
15. Was wünschst du dir von mir noch (mehr)?
16. Was magst du an meinem Körper am liebsten?
17. Was findest du an dir am schönsten?

18. Was ist dir damals bei mir sofort aufgefallen?
19. Habe ich mich verändert im Vergleich zu früher, als wir uns kennengelernt haben?
20. Was sollten wir uns als Paar auf jeden Fall behalten?

Diese Fragen führen euch als Paar wieder mehr zusammen und bringen euch möglicherweise auf ganz andere Gesprächsthemen, als es der Alltagstrott so macht.

Bleibt offen für die Meinung des anderen und habt Verständnis.

„Liebe ist nicht das, was man erwartet zu bekommen, sondern das, was man bereit ist zu geben."

KATHARINE HEPBURN

KAPITEL 11

Die offene Beziehung

Was bedeutet es, eine normale Beziehung zu haben? Wer hat das Recht, heute zu entscheiden, was normal ist und was nicht?

Genau diese Frage haben sich Fabi und Anne gestellt. Die beiden führen seit vier Jahren eine offene Beziehung.

Aber erst mal ganz an den Anfang. Wie startet man eine offene Beziehung und welche Vor- und Nachteile ergeben sich daraus?

Fabi und Anna haben, bevor sie sich kannten, immer nur monogame Beziehungen geführt. Ganz stinknormal ein Mann und eine Frau. Als die beiden sich kennenlernten, war Anna erst seit Kurzem single. Sie kam aus einer sehr unangenehmen toxischen Beziehung und hatte sie noch nicht ganz überwunden. Gerade als sie es am wenigsten erwartet hatte, kam Fabi um die Ecke. Sie lernten sich beim Feiern in einem Frankfurter Club kennen.

Sie verstanden sich auf Anhieb und ihr erstes Date hatten sie bereits einen Tag später, als beide wieder fit und ausgeschlafen waren. Das erste Date zog sich bis zum übernächsten Tag. Die beiden waren verrückt nacheinander und konnten sich kaum voneinander lösen.

Fabi musste montags wieder arbeiten gehen und so verabredeten sie sich für den Abend. Sie kochten zusammen und obwohl sie sich erst drei Tage kannten, war es für beide bereits so, als würden sie eine Liebesbeziehung führen.

Anna hatte allerdings ein Problem. Sie war gerade erst frisch single und wollte sich nicht wieder sofort binden. Das sagte sie Fabi an diesem Abend ganz offen und ehrlich. Er verstand sie auf Anhieb, denn er kannte das von seiner letzten Trennung nur zu gut, wenn man sich nicht sofort wieder in die nächste Beziehung stürzen wollte.

Doch was änderte es zwischen ihnen beiden? Sie verstanden sich so gut wie sonst noch mit keinem anderen Partner. Auch Anna, die gerade so viel Wert auf ihre Freiheit legte, wollte das nicht einfach so aufs Spiel setzen.

Sie vereinbarten, dass sie erst mal einige Wochen warten würden, um sich besser kennenzulernen.

Die Frequenz der Treffen wurde aber nicht weniger. Sie sahen sich täglich und lernten sehr schnell die jeweiligen Freundeskreise und Familien der anderen kennen.

In kurzer Zeit hatten beide ihre Kleidung beim anderen in der Wohnung und man hatte seine Routine gemeinsam entwickelt. Am Wochenende gingen sie essen oder unternahmen Städtetrips. Unter der Woche unterhielten sie sich über die Arbeit und ihre Lebensziele.

Fabi sprach es nach zwei Monaten als Erster aus: „Anna, ich habe mich in dich verliebt. Nicht nur ein bisschen, sondern sehr! Was machen wir hier?“

Anna nahm es gelassen auf und sagte, dass es ihr nicht anders ging. Aber an ihrem Gefühl, dass sie sich noch nicht festlegen wollte, hatte sich dennoch nichts geändert.

Fabi überlegte laut: „Versteh mich nicht falsch, ich finde andere Frauen auch attraktiv. Du bist nicht die letzte Cola in der Wüste, so viel steht fest. Was können wir tun, damit wir trotzdem in unserer Bubble weiterhin bleiben können?“

Anna schaute ihn nachdenklich an und nippte an ihrer Weinschorle. „Was hältst du davon, wenn wir eine offene Beziehung führen?“, fragte sie ihn.

„Du meinst, wir haben dann auch etwas mit anderen?“, fragte er.

„Ja, genau. Wir können machen, was wir wollen. Entweder wir behalten es für uns oder wir erzählen es ganz offen. Das können wir machen, wie wir wollen. Freunde von mir machen das schon länger und es funktioniert gut.“

Fabi war etwas skeptisch, aber ihm war klar, dass die Alternative bedeuten würde, dass Anna irgendwann Reißaus nehmen würde. Für ihn war es auch nicht unbedingt die schlechteste Situation. Er war viel draußen und beruflich traf er auch häufig attraktive Frauen. Da kam schon der ein oder andere Flirt zustande. Auf diese Weise wäre er frei und müsste nicht immer aufpassen, ob er jetzt einer

Frau zu nah kam oder wenn er gerne mit jemandem chatten oder Essen gehen wollte.

Die Idee gefiel ihm immer besser. Wie oft hatte er in der Vergangenheit Streit mit Ex-Freundinnen gehabt, weil Blicke mit anderen Frauen zu intensiv ausgetauscht wurden oder schlimmstenfalls im betrunkenen Zustand zu eng getanzt wurde.

All das hatte ihn die letzten Jahre sehr beschäftigt und auch eingeschränkt. Die Versuchungen waren stets vor seiner Nase und stark bleiben konnte er nicht immer. Es kostete sehr viel Überwindung und Anstrengung, zumal die anderen Frauen ja auch manchmal einfach anders waren als seine aktuelle Partnerin. Das musste nicht heißen, dass sie besser waren, sondern für die jeweilige Situation einfach passten oder ihn sehr interessierten.

Diese Herausforderung, eine neue Frau zu erobern, mit ihr zu flirten oder mehr, machten ihn neugierig. Es weckte seinen Jagdinstinkt, der im Zuge einer monogamen Beziehung einschlief und ihn müde machte. All das wurde ihm erst bewusst, als Anna ihm diese neue Möglichkeit eröffnete.

Fabi stimmte zu und so waren Anna und er ab sofort ein Paar. Ganz offiziell und mit allem Drum und Dran. Sie nahmen sich auf Familienfeiern gegenseitig mit und änderten auf Facebook ihren Beziehungsstatus. Es war ihnen ernst. Doch ab und zu gingen sie getrennt mit Freunden weg und hatten ihren Spaß mit anderen. Zu Anfang war es für beide komisch. Besonders wenn einer zu Hause saß und wusste, der andere ist gerade auf einem Date oder unterwegs auf der Jagd. Doch mit den Monaten und Jahren gewöhnten sie sich an den Nervenkitzel und wurden ruhiger und gelassener. Es vergingen ab und an Monate, ohne dass jemand einen anderen traf, und dann waren es plötzlich auch mal zwei oder drei in der Woche.

Sie erzählten ihrem Umfeld relativ offen, wie sie ihre Beziehung lebten und die Freunde begegneten ihnen eher mit Neugier und Interesse als mit Verurteilung.

Bei vielen Menschen herrscht ein Zwiespalt zwischen dem Sichgeborgenfühlen in einer monogamen Beziehung und dem Nervenkitzel von neuen Bekanntschaften. Wählen müssen heißt auch verzichten auf etwas, was fast genauso interessant war.

Nur eine monogame Beziehung zu führen, ist vollkommen okay, wenn das beide Parteien wollen.

Eine offene Beziehung zu führen, ist genauso okay. Es gibt kein Richtig oder Falsch. Es gibt einfach nur individuelle Situationen.

Wenn sich ein monogames Pärchen trennt, dann heißt es von den Menschen, dass es wohl leider zwischen den beiden nicht geklappt hat, oder dass sie jemand anderen finden werden, der besser passt.

Trennt sich ein Pärchen, das eine offene Beziehung führt, dann ist nur die offene Beziehung in den Augen der anderen Menschen schuld. Es wird sich auf ganz andere Argumente berufen.

Hier beobachte ich im Coaching auch immer wieder, wie verschlossen viele Menschen gegenüber neuen Möglichkeiten sind. Obgleich sie in der Vergangenheit bereits ihre Partner betrogen haben oder unter dem ständigen Druck treu bleiben zu müssen leiden.

Anna und Fabi hingegen blieben offen und arbeiteten stets an ihrer Entscheidung. Nach vier Jahren fragte Fabi, ob Anna ihn heiraten wollte, und sie stimmte freudig zu.

Die beiden feierten eine wundervolle Hochzeit im Kreise ihrer liebsten Freunde und Familie.

Du fragst dich sicherlich, ob die beiden nach der Hochzeit ihre Ehe geschlossen haben? Wieder ein ruhiges, gesittetes Leben geführt haben, so wie sich das die Gesellschaft gerne wünscht? Denkste! Den Gefallen tun die beiden niemandem.

Fabi und Anna führen weiterhin eine offene Ehe und daten andere. Ab und zu redeten sie darüber, wie es sich für sie jetzt anfühlte und was sich dadurch zwischen ihnen beiden geändert hat.

Jetzt kommen wir zum eigentlichen Kern dieses Kapitels: Ist eine offene Beziehung die ehrlichere? Das ist eine Frage, der ich gerne mithilfe der beiden auf den Grund gehen wollte. Ich habe Antworten für dich.

Meine Fragen an Anna und Fabi:

Habt ihr Geheimnisse voreinander?

Nein, haben wir nicht. Durch die offene Beziehung konnten wir von Anfang an über alles ohne Scham reden. Über Sehnsüchte, Träume und natürlich auch über andere Menschen. Wer uns reizt und was wir gerne ansehen. Durch diese schonungslose Offenheit mussten wir nie voreinander verstecken, was wir denken und fühlen.

Verliebt ihr euch manchmal in andere?

Ja, das kann durchaus passieren. (Die beiden schauen sich an und schmunzeln, während ich sie befrage.)

Das waren mit die größten Herausforderungen bei unserer Art zu leben. Die Sicherheit, die wir uns dadurch geben, könnte nicht größer sein. Schwärmereien für andere gehören für uns dazu und sind normal. Zu Anfang haben wir uns davor gewehrt, indem wir die Regel hatten, immer jede Person nur einmal zu treffen. Bis eines Tages der Wunsch bei Fabi zu groß war, eine bestimmte Frau mehrmals zu sehen. Anna gewährte ihm und so entstand für kurze Zeit eine Neben-Beziehung, die sich dann aber im Sande verlief.

Wir sind daran ebenfalls sehr gewachsen und haben unsere eigenen Grenzen erweitert. Es geht bei unserem Lebensstil nicht darum, einmal etwas zu vereinbaren und für immer akribisch durchzusetzen. Wir besprechen flexibel und tagesaktuell, wie wir uns fühlen. Was wir tun können, damit sich jeder wohl fühlt.

Wie hat euer Umfeld darauf reagiert?

Den meisten haben wir es gar nicht gesagt. Im Alltag wirst du ja auch eher selten mit der Frage konfrontiert, ob du monogam lebst. Unsere engen Freunde wissen es natürlich.

Einmal hatten wir eine etwas brisante Situation, als eine ehemalige Schulfreundin von Anna den Tinder-Account von Fabi entdeckt hatte.

Anna erklärte es ihr dann knapp, dass es kein Problem sei und die beiden eine offene Beziehung hätten. So richtig zufrieden war sie dann zwar nicht, aber das ist ja nicht unser Problem. Die Menschen reagieren sehr unterschiedlich. Manche sind offen und haben kein Problem damit. Viel eher sind sie neugierig und stellen konkrete Fragen, wie das dann abläuft. Wir sprechen gerne über dieses Thema, deswegen geben wir auch das Interview für dein Buch. Wir wollen aufklären und dem ein oder anderen die Möglichkeit eröffnen, selbst seine Beziehung auf den Prüfstand zu stellen.

In unserer Gesellschaft ist die monogame Beziehung das Nonplusultra. Wir sind das gewohnt und alles andere ist neu oder seltsam. Andere würden es gar als falsch oder bizarr bezeichnen.

Bist du einmal ganz ehrlich zu dir selbst, dann übernimmst du viel mehr die Meinung der Gesellschaft oder deiner Eltern, als dir lieb ist.

Vielleicht wärst du viel aufgeschlossener in Bezug auf Themen wie offene Ehe oder mehrere Partner, wenn dein Kopf nicht darauf programmiert wäre zu richten oder dem zu genügen, was andere von dir erwarten.

Davon haben sich Anna und Fabi komplett gelöst.

Was sind genau eure Regeln, die ihr aufgestellt habt?

So richtig viele Regeln haben wir nicht. Das ist ja genau das, was wir eben gerade beschrieben haben. Wir schauen tagesaktuell darauf, wie wir beide uns mit der Situation fühlen und passen ggf. Regeln an oder handeln etwas neu aus. Eine ganz grundsätzliche Regel, die wir schon von Anfang an aufgestellt haben, ist, dass wir keine Geheimnisse voreinander haben. Wir würden niemals andere Leute daten, ohne dass der Partner etwas davon weiß. Das ist ein No-Go und wird für uns auch immer so sein.

Kommt auch mal Eifersucht auf?

Ja, das auf jeden Fall. Eifersucht ist für uns inzwischen kein negatives Gefühl mehr, sondern ein Teil von jedem Menschen. Der eine spürt sie stärker als der andere. Bei vielen Menschen bedeutet Eifersucht, dass sie Angst haben, den Partner zu verlieren. Die Konsequenz ist daraufhin, dass der Partner in die Pflicht genommen wird sich anders zu verhalten, damit die Eifersucht nicht mehr aufkommt. Doch was ist mit der anderen Perspektive, warum ich überhaupt Eifersucht empfinde. Was bringe ich aus meiner Vergangenheit mit, wieso ich mich so schnell klein fühle? Liebe ich mich eigentlich genug selbst, um mir überhaupt vorstellen zu können, dass mein Partner freiwillig bei mir bleibt?

Wann beginnt der Moment, in dem du dir bewusst machst, dass du etwas ändern kannst? So wie Fabi und Anna, die sich verliebten und dennoch genau wussten, dass sie keine normale Beziehung führen wollen.

Sie hätten sich von vornherein in ihren Möglichkeiten beschneiden können. Sei es, weil sie die Erziehung als Grund vorschieben, nichts „anders" machen zu können. Oder aus Angst davor, was die Gesellschaft von ihnen halten könnte.

Genauso könnte es aber auch sein, dass sie durch mangelnde Selbstliebe und den fehlenden Glauben an ihre Fähigkeiten sich der Situation nicht gewachsen fühlen.

Doch all das ist für die beiden nicht relevant gewesen. Sie waren im vollen Bewusstsein, was sie voneinander wollten und was sie nicht bereit waren aufzugeben. Ihr Motto war, dass sie sich nicht entscheiden müssten. Sie nahmen beides.

Auch du kannst üben, mehr in das Bewusstsein zu kommen, was du willst. Allzu oft denken wir, dass wir uns sehr sicher sind, was wir wollen. Wir können intuitiv eine Entscheidung treffen und glauben, dass es die richtige ist.

Übung, um wieder mehr ins Bewusstsein zu kommen:

Stell dir vor, du triffst eine Entscheidung wie Anna und Fabi.

1. Wer spricht in diesem Moment in deinem Kopf?

Zunächst ist es deine eigene Stimme, die dir sagt, dass etwas nicht geht.

Doch wer spricht dann?

Da ist die Stimme der Vernunft, die Stimme des inneren Kritikers. Diese Stimmen gehören nicht nur dir, sondern sind die Summe aller Einflüsse deines Lebens. Identifiziere und enttarne genau diese Stimmen, denn sie müssen nicht immer mit deiner Meinung zusammenhängen.

2. Was ist mir bei dieser Entscheidung wichtig?

Bei dieser Frage geht es darum zu ergründen, warum du dich dafür entscheidest. Stelle dir im Beispiel von Anna und Fabi vor, sie hätten Nein zu der Beziehung gesagt. Oder nur einer von beiden.

Fabi hätte sagen können: „Mir ist wichtig, dass ich meine Freundin ganz für mich habe."

Um nun tiefer in dieses Gefühl hineinzugehen, kannst du dir Folgefragen stellen. Erst dann ergründest du wirklich, wie es unter der Oberfläche wirklich aussieht.

Warum möchte ich meine Freundin für mich haben?

Ich will sie nicht teilen, weil ich das nie getan habe. Außerdem, am Ende lernt sie jemanden kennen, den sie besser findet als mich.

Hier wird es spannend, denn wir kommen zum Kern. Es wird nicht mit Floskeln um sich geworfen, um schnell eine Entscheidung zu begründen, sondern wir wollen wirklich bei dieser Übung herausfinden, warum genau.

Fabi in unserem fiktiven Beispiel hätte aus Gewohnheit entschieden.

Somit haben wir die erste Stimme identifiziert, die dich fremdsteuert und nichts mit deiner persönlichen Meinung zur eigentlichen Situation zu tun haben muss. Etwas aus Gewohnheit zu entscheiden, bedeutet, dass du aus alten Mustern heraus handelst. Diese können sich mit der Zeit schon für dich geändert haben, ohne dass du es merkst. Du handelst dann immer weiter in der Gewohnheit, obwohl dein Leben und deine Entscheidungen gar nicht mehr dazu passen.

Mache jetzt in Ruhe die Übung und überlege dir: Was machst du einfach nur aus Gewohnheit, obwohl es nicht mehr viel Platz in deinem Leben hat?

Ein häufiges Beispiel sind Essgewohnheiten und Urlaubsorte. Deine Eltern haben bestimmte Gerichte gekocht, die dich natürlich auch an positive Situationen aus deiner Kindheit erinnern. An diesen Erinnerungen hältst du nicht nur fest, sondern du hältst sie wach, indem du sie auch als Erwachsener umsetzt.

Durch das regelmäßige Umsetzen gibst du dir ein Gefühl der Sicherheit und Geborgenheit.

Werden alte Gewohnheiten nicht angenehm gelebt, sondern entwickeln sich zu einer Pflicht, verlierst du schnell das Gefühl dafür, ob du das wirklich noch willst oder aus Prinzip weitermachst.

Dies begründen wir in unserer Gesellschaft oft damit, „Prinzipien haben". Hast du den Satz schon einmal gehört oder vielleicht selbst verwendet? „Es geht ums Prinzip" oder „Ich mache das aus Prinzip nicht".

Dieses Totschlagargument scheint auf den ersten Blick aus dem Mund einer sehr konsequenten Person zu kommen. Konsequent zu sein ist etwas Gutes. Wir können konsequent anderen Personen gegenüber sein und somit unsere Interessen durchsetzen. Auch uns selbst gegenüber konsequent zu sein, hilft, an sich gesteckten Zielen festzuhalten – auch, wenn es mal schwierig wird und der Schweinehund überwunden werden muss.

Dann hilft uns unser konsequentes Verhalten dabei, besser zu werden und durchzuhalten.

Bei neuen Chancen und Möglichkeiten, wo mitunter die Meinung anderer Menschen mit einspielt, wird aus dem Prinzip oft eher ein Hindernis.

Dann werden schnell neue Erfahrungen ausgeschlagen, weil wir aus Prinzip bei unserer Meinung bleiben.

Dann entstehen aus Prinzipien die beiden Charaktereigenschaften *steif* und *stur*. Du entwickelst eine Steifheit gegenüber der Meinung anderer Menschen und kannst sie für dich nicht gelten lassen. Wir stellen das, wie wir es gewohnt sind, über alles und halten uns dadurch davon ab zu lernen.

Sturheit ist das, was danach kommt. Andere Menschen versuchen, dich zu motivieren oder in ihre Welt einzuladen, und du bleibst stur bei deiner Meinung.

Genau diese alten Muster gilt es aufzubrechen, um über den Tellerrand zu schauen.

Woher kommt die Bremse in uns, warum wir nicht bereit sind, unsere Prinzipien über Bord zu werfen. Es hat viel mit Loslassen zu tun. Von alten Mustern loslassen. Von einem alten Ich loslassen.

Loslassen heißt für den ein oder anderen auch mitunter falsche Entscheidungen treffen oder die Macht abgeben. Weswegen das tunlichst vermieden wird.

Was wäre, wenn ich dir heute sage, dass du beides haben kannst? Du musst alte Werte und Prinzipien nicht gänzlich loslassen und kannst parallel neue Erfahrungen machen und dich ausprobieren. Heute so und morgen so kannst du tagesaktuell entscheiden, wie bereit du gerade bist, in fremdes Wasser zu tauchen.

Uns zurückhaltende Glaubenssätze können in dieser Situation sein:

- **Ich kann nicht einfach so meine Meinung ändern.**
  Warum nicht? Habe den Mut, dir selbst die Chance zum Wachstum zu geben. Kein Mensch muss in deinen Schuhen laufen und dein Leben leben. Wenn du also spürst, dass du deine kindliche Neugier verloren hast oder noch nicht so auslebst, wie du es gerne würdest, dann wirf doch einfach mal deine Angst über Bord, was andere von dir halten könnten. Es geht nicht um sie, es geht um dich und deine Träume.

- **Was sollen die Leute denken, wenn ich einfach so Neues ausprobiere und es morgen wieder anders mache?**
  Glaubst du wirklich, dass die Menschen jeden Tag dein Leben beobachten und nichts Besseres zu tun haben, als darüber zu urteilen? Nehmen wir das Beispiel mit dem Essen. Du hast dein Leben lang kulinarische Köstlichkeiten abgelehnt, frei nach dem Motto „Was der Bauer nicht kennt, das isst er auch nicht.“ Du möchtest jetzt gerne über deinen Schatten springen und neue

Gerichte probieren. Wer soll das mitbekommen? Ob du heute Sushi und morgen wieder Kartoffelbrei isst. So wie du auch nicht über andere urteilst, so kannst du auch fest davon ausgehen, dass die Menschen in deinem Umfeld nicht auf die Welt gekommen sind, um dich zu beobachten. Sie haben auch ihre Probleme, Ideen, Träume und Herausforderungen und sind entsprechend mit sich beschäftigt.

So wie mit dem Essen ist unser Leben eine Mischung aus Mahlzeiten mit verschiedenen Geschmacksrichtungen. Soll das, was heute auf deinen Tisch kommt auch deine Zukunft sein oder wartet da mehr?

✦ **Ich weiß schon lange, ich muss etwas ändern, aber wo soll man da anfangen?**

Das ist eine der häufigsten Fragen, der wir uns in den ersten Wochen im Coaching stellen. Voll ins Bewusstsein dessen zu kommen, was man möchte, ist der Anfang von deiner Entwicklung. Es geht nicht darum, dir einen Anfang zu überlegen und den Weg stumpf zu gehen. Vor allem bei der Entwicklung gehen wir von Tag zu Tag und haben einfach den starken Wunsch im Herzen, dass sich unsere Situation ändern soll.

Du wünschst dir zum Beispiel eine Partnerin und weißt genau, wie sie aussehen soll oder welche Interessen sie hat. Auf der anderen Seite erzählst du dir aber jeden Tag, dass du diese Frau niemals treffen oder haben wirst. Genau dadurch hältst du einen Kampf in dir aktiv, der dich von Entwicklung abhält. Beginne nicht mit Änderungen im Außen und in deinem Leben, sondern zuerst in deinem Kopf.

Was wünschst du dir heute für dich?

Was wünschst du dir diese Woche?

Womit kannst du dir selbst eine Freude machen?

Was gibt dir im Alltag ein gutes Gefühl, das du selbst steuern kannst?

Mit welchen positiven Gedanken begegnest du dir heute im Spiegel?

Was sind die ersten Gedanken, die du morgens denkst, wenn du aufwachst?

Beantworte dir diese sechs Fragen jeden Tag und führe dich selbst zunächst gedanklich in eine Veränderung.

Dann wirst du genau wissen, was deine nächsten Schritte sind und mit jedem Tag dir selbst mehr vertrauen, dass du in der Lage bist, die richtigen Entscheidungen zu treffen.

Ich habe Angst mich selbst zu verraten, wenn ich mich ändere.

Frage dich selbst: Wer profitiert am meisten davon, wenn ich mich verändere? Das bist ja hoffentlich du in deiner Antwort. Vielleicht zweifelst du aktuell sehr stark an deinen Fähigkeiten und traust dir deswegen gar nicht zu, zum Beispiel mehr Gehalt einzufordern oder nach einer Beförderung zu fragen. Du bist dir sicher, du hättest es gar nicht verdient, und nennst dich selbst Realist, weil du das glaubst.

Bei einer Veränderung deiner Person würdest du ja dein „altes, realistisches Ich“ aufgeben. Das Gegenteil von Realismus wäre möglicherweise in deinem Kopf die Naivität. Mit einer kindlichen Naivität an Ziele und Pläne heranzugehen, fühlt sich für den Realisten so an, als würde er sich dumm stellen oder die Situation nicht allumfassend überblicken. Doch jede Eigenschaft hat nicht nur Schatten oder Licht, sondern kann beides für dich sein.

So wie es nicht in jeder Lebenslage angebracht ist, laut und ausgelassen zu sein (beispielsweise auf einer Beerdigung nicht unbedingt gut), so ist auch die Naivität nicht in jeder Lebenslage von Vorteil.

Unterschreibst du gerade einen Kaufvertrag und vertraust auf naive Art und Weise dem Verkäufer, ohne den Vertrag zu lesen, und setzt deine Unterschrift darunter, dann wäre das wirklich nicht gut.

Eine kindliche Naivität bei der Entwicklung und neuen Dinge bringt allerdings sehr viel Leichtigkeit und Freude mit sich und ist eine klare Empfehlung von mir.

Also nochmal die Frage: Wer würde denn am meisten davon profitieren, wenn du dich änderst? Du selbst!

Wer kommt also aktuell am meisten zu Schaden, weil du dich nicht änderst? Auch du.

Jetzt frage ich dich: Was ist der wahre Verrat?

Alles so zu lassen, wie es ist, obwohl es dir schadet. Nur um den Schein vor dir selbst zu wahren, dass alles beim Alten bleiben sollte.

Das ist der wahre Verrat an deinem Potential und an der Chance, über sich hinaus zu wachsen.

Mehr Offenheit bringt Chancen. Habe keine Angst davor. Du bleibst dir nur dann nicht treu, wenn du versuchst, anderen zu genügen, und nur das tust, was man dir sagt.

Stammt der Wunsch oder die Vorstellung deines Lebens von dir, dann ist alles gut.

Woher weiß ich denn, was ich will?

Weißt du denn, was du nicht willst? Manchmal ist das im ersten Schritt leichter, als sich den Kopf darüber zu zermartern, ob der Wunsch nun dein eigener ist oder ob sich das deine Eltern gerne für dich gewünscht hätten.

Was möchtest du denn nicht?

Ich möchte nicht unglücklich sein, sagst du. Gut, dann haben wir hier schon etwas Wichtiges herausgefunden: Du wünschst dir glücklich zu sein.

Was macht dich denn glücklich?

Du stehst morgens auf, gehst auf die Arbeit. Du freust dich, wenn du es pünktlich raus schaffst, denn dann kommst du auf der Autobahn nicht in einen Stau. Du freust dich, wenn auf der Arbeit die Kaffeemaschine aufgefüllt ist und du dir direkt deinen Kaffee ziehen kannst.

Du bist happy, wenn dir deine Kunden positives Feedback geben und du gute Arbeit geleistet hast. Nach der Arbeit freust du dich auf deinen Sport und triffst dich mit Freunden.

All das macht dich glücklich. Aber was ist der wahre Grund bei diesem beschriebenen Beispiel, warum du glücklich bist? Weil es keine Hindernisse gab. Du hattest ein leichtes Leben. Also macht dich Leichtigkeit glücklich.

Was ist aktuell in deinem Leben nicht leicht? Möglicherweise sagst du, es ist nicht leicht, seine Einstellung zu ändern. Du bist dir nicht sicher, ob du es schaffst, positiver zu denken.

Das heißt, du selbst stehst dir und der Leichtigkeit im Weg.

Was würde es für dich bedeuten, zur Seite zu treten mit all deinen Erinnerungen und deinem Ego und Platz zu machen für deine Herzenswünsche?

Ein Kraftakt, den du bereit bist für dich selbst zu vollziehen.

Du weißt also genau dann, was du willst, wenn du all die Hindernisse aus dem Weg räumst, die dich davon abhalten, es zu bekommen.

Ich wäre so gerne selbstständig, aber …

Ich würde so gerne mehr reisen, aber…

Ich hätte so gerne eine Partnerin, aber …

Was steht dort bei dir?

Eine Vorübung, um herauszufinden, was man möchte, ist, dass du diesen Glaubenssatz bearbeitest: „Ich weiß nicht, was ich will."

Verwandle ihn zunächst in: → „Ich arbeite daran herauszufinden, was ich will."

Durch die Aussage, dass du daran arbeitest, öffnest du deinen Geist dafür, es auch wirklich herauszufinden. Zuvor ging es um die klare Entscheidung, dass du es sowieso nicht weißt. Dann kann es auch nichts werden.

Natürlich können wir nicht von heute auf morgen sagen: So, jetzt weiß ich zu 100 %, was ich will. Also wagen wir eine Zwischenstufe und reden uns gut zu, dass wir es bald herausfinden werden.

Schon ist der Kopf offen und wir sind der Lösung einen Schritt näher.

Bewegende Glaubenssätze, die dir helfen dich zu öffnen:

Ich freue mich auf alles, was kommt.

Das Leben hält wunderschöne Erlebnisse für mich bereit.

Ich weiß genau, dass alles zum richtigen Zeitpunkt kommt.

Ich manifestiere Glück und Zufriedenheit in mein Leben, indem ich mir ganz genau vorstelle, wie mein Leben aussehen soll.

Ich sehe all meine Ziele vor meinem geistigen Auge. Ich sehe, was ich anhabe, wenn ich sie erreiche. Ich sehe genau, wer neben mir steht und wo wir uns befinden.

Ich verlange nicht nur Glück und Erfüllung für mich, sondern ich bin bereit, es auch anderen zu geben.

Alles, was ich mir vornehme, schaffe ich auch.

KAPITEL 12

Wahre Liebe ist frei

„Wohin gehst du schon wieder?“, fragte Olivia vorwurfsvoll.

„Warum fragst du mich das immer so vorwurfsvoll?“, beschwerte sich Lex. „Ich bin deine Frau. Da werde ich ja wohl das Recht haben zu wissen, wo du hingehst“, zeterte sie.

„Nein, genau das hast du nicht; ich bin ein freier Mensch und wenn du mich genau so sehen und anerkennen würdest, wie ich bin, dann würdest du mich nicht in dein Rollenbild zwängen“, sagte Lex und schaute sie erwartungsvoll an.

„Du hast Recht. Aber ich kann das jetzt nicht. Wir müssen etwas ändern, Lex, das geht so nicht weiter“, knickte Olivia ein.

Ein ganz normales Streitgespräch zwischen einem sich – unter normalen Umständen – liebenden Paar. So mag das zumindest jemand sehen, der eine Partnerschaft der alten Zeit lebt.

Unpassend und einengend. So nennen es Lex und Olivia heute. Nachdem sie ihre Konflikte hinter sich gelassen haben. Die beiden leben ein neues Leben. Modern auf den ersten Blick, aber bei genauem Hinsehen ein Beziehungsmodell, das es schon vor Hunderten Jahren so gab.

Streits wie diese haben sie dazu gebracht, ihr Weltbild völlig infrage zu stellen. Warum führen wir Beziehungen? Ist Monogamie noch zeitgemäß und gibt es so etwas wie Seelenverwandte?

Ihre Liebe ist frei. Frei von allem, was du glaubst zu kennen. Sie sind auch nicht mehr zu zweit. Lex hat eine zweite Frau – Eve.

Als er Eve traf, wusste er, dass keine Kraft die beiden trennen kann. Sie ziehen sich an, sie wollen einander.

Doch genauso trennen sich auch an manchen Tagen ihre Wege und jeder geht seinem Seelenweg nach. So nennen sie das, was sie tun.

Lex, Olivia und Eve stellen alles infrage, was Liebe und Partnerschaft ausmacht. Alles kann und nichts muss. Es ist wichtig, wie es in uns aussieht. Wir richten uns jeden Tag neu aus.

Bist du innerlich aufgeräumt? Bist du dir deiner selbst klar und bewusst?

Doch das war nicht immer so. Alles begann vor 20 Jahren. Lex und Olivia waren Kindheitsfreunde. Verliebt bis über beide Ohren. Die Pubertät überstanden, blieb die Liebe weiterhin aufrecht. Sie zogen zusammen, heirateten und bekamen Kinder.

Nach außen eine Bilderbuchfamilie. Die Eltern der beiden waren unglaublich stolz.

Es war genau das Leben, das den meisten von uns vorgelebt wurde. Vater, Mutter, Kind. Alle glücklich unter einem Dach. Heiraten zum Steuernsparen, Zusammenziehen als Interessensgemeinschaft.

Wenn gestritten wurde, ging es um den Abwasch, die Kinderbetreuung, vielleicht auch die schmutzigen Socken von Lex oder das neue teure Kleid von Olivia.

Die Ehe war geprägt von Erwartungen und Schubladendenken. „Du musst bei mir sein“ und „Ich brauche dich“ waren Sätze, die des Öfteren fielen.

Sätze, die heute für die drei ein absolutes No-Go sind.

„Lebt ihr ein normales Leben?“, fragte ich Lex. „Was heißt *normal*?“, fragte er. Das Thema war ihm wichtig, er blieb ernst. „Na ja, geht ihr essen, macht ihr was zusammen?“, fragte ich.

Ja. Das alles hat Platz in ihrer Beziehung. In beiden Beziehungen. Auch die Frauen verbringen viel Zeit gemeinsam. Sie sind mehr als beste Freundinnen. Leben unter einem Dach.

Momentan mehr denn je, denn sie teilen etwas Besonderes. Beide waren gleichzeitig schwanger und haben im Abstand von 3 Monaten ihre Kinder zur Welt gebracht. Lex ist natürlich der Vater beider Kinder.

Sie tauschen sich aus über Babynahrung, Stillen, das nächtliche Durchschlafen.

„All das ist nichts für mich. Ich bin wiederum für andere Dinge zu haben", meinte Lex.

Es ist eine gewisse Erleichterung auf allen Ebenen, nicht alles für den anderen sein zu müssen. Aber für sich selbst umso mehr, ohne jemandem damit etwas zu nehmen.

Die Partnerschaft der neuen Zeit.

„Was ist deine größte Angst? Was kann schlimmstenfalls passieren?", fragte ich ihn.

„Dass sie mich nicht mehr brauchen", lachte er. „Die beiden stehen sich sehr nah und das ist wundervoll", fügte Lex hinzu.

Was kannst du aus der Geschichte der drei lernen, die keine Geschichte ist?

Beziehung kann auf verschiedenste Weise funktionieren und Grenzen existieren allenfalls in unserem Kopf.

Wann hast du das letzte Mal automatisch etwas abgelehnt, weil es neu und ungewohnt für dich war? War es bei einem internationalen Gericht, das du noch nicht kanntest?

War es ein neuer Kleidungsstil im Fernsehen oder in einer Zeitschrift, der dich zum Naserümpfen gebracht hat?

Wann hast du dich das letzte Mal vor einem schier unlösbaren Problem gesehen, weil du nur auf die Ressourcen in deinem Kopf zugreifen konntest, die durch deine Erziehung und die Prägung deines Umfelds vorhanden waren?

Neue Ideen kommen auf, aber direkt meldet sich die Stimme der Vernunft. Das leise Stimmchen deiner Eltern oder deiner Freunde, das sagt: „Nein, nein, das gehört sich nicht“, oder: „Ich hätte an deiner Stelle anders entschieden; du triffst keine guten Entscheidungen.“

Lebst du das Leben, das du leben willst? Oder lebst du das Leben, das andere für dich vorbestimmt und entschieden haben?

Du darfst zurecht in diesem Kapitel innehalten und skeptisch werden. Keiner von uns ist frei von Beeinflussung und Lenkung unseres Umfelds.

Letzte Übung in diesem Buch: Für mehr Freiheit im Kopf.

Dein Leben ist so individuell wie das der Menschen in meinem Buch. Jeder von euch hat seine eigene Geschichte und ist geprägt von seiner Vergangenheit.

In der letzten Übung geht es darum, die Prägungen teilweise umzuschreiben und einen Tagesablauf zu integrieren, der dich auf Erfolg auslegt. Erfolg ist hierbei alles, was du dir von Herzen wünschst und erreichen willst.

Der richtige Tagesablauf ist nicht nur hilfreich für neue Routinen, sondern auch für neue Denkmuster. Du lernst durch diese Übung, dich Tag um Tag mehr auf ein positives Denken zu programmieren.

In unseren Gedanken schlummert all die Energie und Motivation, die du dir wünschst für den Ehrgeiz, weiter an deinen Träumen und Zielen zu arbeiten.

Starte damit, dass du dir zunächst bewusst machst, wie dein Tag aktuell aussieht.

Fange ab dem Moment an, wenn du die Augen öffnest bis hin zu dem Moment, in dem du einschläfst.

Neben all den Aktivitäten wie duschen, Sport, Arbeit oder Freizeit schreibe dir in einer anderen Farbe dazu, wie du dich in diesem

Moment fühlst (glücklich, gestresst, pessimistisch, ausgefüllt, unterfordert, kreativ usw.)

Nun schau dir genau an, welche Ziele du dir für dein Leben gesteckt hast.

Zwei Listen sind hier entscheidend. Eine langfristige und eine kurzfristige.

Der Unterschied dieser beiden Listen besteht darin, dass du die langfristigen Ziele nicht immer sofort erreichen kannst. Egal, wie sehr du es möchtest. Willst du beispielsweise deine Doktorarbeit schreiben, dann ist das ein langfristiges Ziel.

Ein kurzfristiges Ziel ist etwas, was meistens nur eine kurze Zeitspanne benötigt. Es sind teilweise auch konkrete Handlungen, die nur wenige Minuten dauern.

In Bezug auf unser Beispiel mit der Doktorarbeit könnte man als eher kurzfristiges Ziel definieren: Mail an Doktorvater schreiben.

Es könnte aber genauso auch sein: Programm zum Korrigieren von Texten herunterladen.

Kurzfristige Ziele unterstützen uns dabei, unsere langfristigen Projekte in die Tat umzusetzen. Sie sind quasi die Vorarbeit, die du brauchst.

Doch was, wenn dein Alltag so vollgestopft ist und du dich überwiegend faul und demotiviert fühlst? Für die kurzfristigen Ziele brauchst du meist nicht viel Zeit, aber den festen Willen, etwas kontinuierlich umzusetzen.

Also halten wir fest: Langfristige Ziele gelingen uns dann, wenn wir sie in kurzfristige Ziele herunterbrechen. Fehlt uns die Motivation an einzelnen Tagen, setzen wir weniger der kurzfristigen Ziele um und unsere langfristigen Ziele rücken immer weiter in die Zukunft. Schlimmstenfalls erreichen wir es gar nicht.

Hier kommt der Tagesplan ins Spiel. Wir unterstützen uns auf eine ganz simple Art und Weise. Durch einen konkreten Plan, den wir umsetzen, programmieren wir uns auf Erfolg.

Du bist bereit loszulegen. Nimm dir Papier und Stift und setze diese Übung um. Den fertigen Tagesplaner hängst du dir in die Küche, damit du ihn jeden Tag siehst. Am Abend vor dem Einschlafen schließt du zufrieden die Augen, lächelst und bedankst dich bei dir selbst, dass du heute wieder etwas für deine langfristigen Ziele getan hast.

Hier ist ein klassischer Tagesplan. Diesen kannst du zunächst mit Aufstehzeiten, Arbeitszeiten etc. personalisieren

Montag bis Freitag:

6:00 – 6:30 Uhr	Aufstehen und Morgenroutine (Duschen, Zähne putzen etc.).
6:30 – 7:00 Uhr	Leichtes Frühstück zubereiten und essen.
7:00 – 7:15 Uhr	Zeit für persönliche Erledigungen oder kurze Entspannung.
7:15 – 7:30 Uhr	Weg zur Arbeit.
8:00 – 17:00 Uhr	Arbeit (inklusive Mittagspause).
17:00 – 17:30 Uhr	Heimweg.
17:30 – 18:30 Uhr	Sportliche Aktivität (z. B. Joggen, Fitnessstudio, Yoga etc.).
18:30 – 19:00 Uhr	Duschen und Erholung.
19:00 – 19:30 Uhr	Abendessen zubereiten und essen.
19:30 – 20:30 Uhr	Freizeitaktivitäten (Lesen, Hobbys, Musik etc.).

20:30 – 21:00 Uhr	Zeit für soziale Interaktion (Anrufe, Nachrichten, Treffen mit Freunden oder Familie).
21:00 Uhr	Entspannung und Vorbereitung für den nächsten Tag (z. B. Kleidung richten, Tasche packen).
22:00 Uhr	Schlafenszeit.

Wochenenden könnten für längere Freizeitaktivitäten, Ausflüge, soziale Ereignisse und besondere Hobbys genutzt werden. Den Tagesplan kann man an die eigenen Vorlieben und Bedürfnisse anpassen, aber es ist wichtig, ausreichend Zeit für Erholung und Entspannung einzuplanen, um ein gesundes Gleichgewicht zwischen Arbeit, Sport und Freizeit zu finden.

Jetzt fragst du dich vielleicht: Aber wann entspanne ich denn mal oder wie soll ich auch mal loslassen und mich gut fühlen, wenn mein ganzer Alltag durchgeplant ist?

Die entscheidende Frage ist doch, was dir lieber ist: Willst du deinen Tag planen und selbst bestimmen oder willst du dich von deinem Tag planen lassen?

Denn wenn du den Kalender nicht planst, dann plant er dich. Du gibst deine Zukunft aus der Hand und machst ggf. nur das Nötigste oder das, wozu du durch Arbeit und Umfeld gezwungen wirst.

Ein selbstbestimmter Alltag gibt dir die gedankliche Macht, die du dir so sehr wünschst, um Motivation für deine Ziele zu finden. Die Kraft, die du daraus ziehen kannst, ist überwältigend. Für den einen ist es schon etwas ganz Selbstverständliches, deswegen gestalten wir jetzt im Nachgang nicht nur deinen Kalender, sondern bauen Übungen ein, die dir dabei helfen, dich für neue Entwicklungen zu öffnen.

Aber zunächst hier ein Negativbeispiel von einem Kalender, der nicht auf Erfolg ausgerichtet ist:

Montag bis Freitag:

10:00 Uhr	Endlich aus dem Bett quälen und ins Wohnzimmer schleppen.
10:05 – 11:00 Uhr	Serienmarathon starten und sich von einer Episode zur nächsten hangeln.
11:00 – 12:00 Uhr	Unerklärlich lange Duschzeit genießen, während man „über das Leben nachdenkt“.
12:00 – 12:30 Uhr	Ein einzelnes Stück Toast als „Frühstück“ herunterwürgen.
12:30 – 14:00 Uhr	Ungefähr zehnmal überlegen, ob man sich für die Arbeit fertig macht, aber dann doch entscheiden, dass der Tag bereits zu fortgeschritten ist.
14:00 – 16:00 Uhr	Auf dem Sofa ein Nickerchen halten, während man sich denkt, wie produktiv es wäre, jetzt endlich mal etwas zu tun.
16:00 – 17:00 Uhr	Planen, was man alles tun wird, wenn man eines Tages motiviert ist.
17:00 Uhr	Erschrocken feststellen, dass der Tag fast vorbei ist, und sich überlegen, was wohl zum Abendessen im Kühlschrank ist.
18:00 – 20:00 Uhr	Soziale Medien durchscrollen und sich von lustigen Katzenvideos ablenken lassen.
20:00 – 21:00 Uhr	Sich ein üppiges Abendessen bestellen, das mit Sicherheit die Kalorienobergrenze sprengt.

21:00 – 2:00 Uhr	Weitere Serien oder YouTube-Videos schauen, während man sich vornimmt, morgen definitiv produktiver zu sein.
2:00 Uhr	Endlich ins Bett schleichen und sich für einen weiteren „spannenden" Tag ausruhen.

Natürlich ist dies eine humorvolle Übertreibung und nicht zu empfehlen, da ein ausgewogenes und aktives Leben wichtig für die Gesundheit und das Wohlbefinden ist.

Es gibt eine Faustregel, die auf fast alle Lebensbereiche anwendbar ist. 20 % deines Alltags dürfen ungeplant sein. 20 % dürfen aus der Routine fallen und nicht *on point* sein. Auf diese Weise kannst du auch mal loslassen und dich einfach treiben lassen.

Regeneration und Entspannung sind wichtige Bereiche von Motivation und nicht zuletzt dem Erreichen unserer Ziele.

Doch was sind die Fallstricke, die wir eliminieren wollen?

Du hast es dir bestimmt schon anhand des letzten Negativbeispiels gedacht. Es ist die Stimme in deinem Kopf, die sagt:

„Du kannst das nicht", „Du bist faul", „Da geht mehr", „Morgen dann, okay?".

Die Stimme, die nicht immer dein Freund ist.

„Ich bin fleißig", „Ich bin genug", „Ich arbeite für meine Ziele und gönne mir nötige Pausen und entspanne", „Ich achte auf mich und meine Gesundheit".

Wie klingt das?

Wie häufig bedienst du dich dieser Sätze aus diesen beiden Kategorien?

Vor einiger Zeit hatte ich einen Teilnehmer in der Academy. Er kam zu mir ins Coaching, weil er unzufrieden war mit der Wahl der Frauen. Er war fleißig, hatte einen lieben Freundeskreis und Hobbys, denen er begeistert nachging. Als wir über Ziele sprachen und über den inneren Kritiker, war er bestens informiert. Er praktizierte das alles schon und konnte nicht verstehen, warum sich trotzdem in seinem Leben in Bezug auf die Frauen nichts änderte.

Ab und zu mal ein Date, manchmal ging es auch zur Sache, aber ansonsten lebte er für sich.

Er sah nicht den nötigen Hebel in dieser Übung, weil er ja bereits sehr gut aufgestellt war. Negative Gedanken hatte er kaum und er war sehr überzeugt von sich und seinen Fähigkeiten. Auch optisch mochte er sich und trieb viel Sport. Es schien von außen alles „zu passen“, wie man so schön sagt.

Was würde es ihm bringen, jetzt seinen Alltag zu strukturieren oder auf Glaubenssätze zu schauen, wenn er da sowieso gar keine Probleme hatte?

Nicht immer können wir die Dämonen sofort identifizieren, die uns daran hindern voranzukommen.

„Wann lässt du denn mal los?“, fragte ich ihn. Er überlegte und gab mir dann die Antwort, dass er ja abends auch mal auf der Couch saß und ein Bier trank oder natürlich am Wochenende mit Freunden unterwegs war. Er konnte feiern und die Dates mit Frauen verbrachte er ja auch in seiner Freizeit.

Was passiert denn, wenn du mal spontan angerufen wirst und ein Freund dich wohin mitnehmen will?

„Spontan?“, er schaute mich etwas verdattert an. Nein, Spontaneität stand für ihn nicht auf dem Plan. Es war alles getaktet, es war alles durchgeplant. Auch die Zeiten, in denen er entspannte und loslassen wollte, waren vorgeplant.

Hier hatten wir etwas herausgearbeitet, was möglicherweise einen Hinweis darauf geben könnte, warum er immer wieder die „falschen“ Frauen anzog.

„Wie sind denn so die Frauen, die du kennenlernst?“, fragte ich ihn.

Er gab mir eine mittellange Liste an Eigenschaften und Attributen. So etwas wie intelligent, nett, hübsch, meistens lange Haare, meistens auch sportlich wie er usw.

An welchem Punkt entscheiden die Frauen, dass sie dich nicht weiter treffen wollen?

„Meistens, wenn wir das erste Date hatten. Auf dem Papier stehe ich gut da, aber sobald sie mich live erleben, ist es vorbei mit den Emotionen“, stellte er fest.

„Das bedeutet, alles, worauf du Wert legst, die Disziplin, der Sport, die Freizeit und nicht zuletzt die Planung sind nichts, was dich von außen betrachtet von den Frauen unterscheidet. Aber in dem Moment, in dem man sich sieht, dreht sich das Blatt“, fasste ich zusammen.

Er überlegte kurz und fragte mich dann etwas nachdenklich, ob es daran liegen würde, dass Planung und Disziplin Handlungen waren, die wenig mit Liebe, Ausgelassenheit und Leidenschaft zu tun hatten.

Ich könnte nicht planen spontan zu sein. Das wäre ein Widerspruch.

Jede Frau, der du begegnest, prüft dich darauf, was du aktuell noch nicht gelernt hast und im Leben noch lernen sollst.

In diesem Beispiel waren es zum Beispiel der Genuss und die Spontaneität. Die Frauen, die er auf Dates ausführte, waren allesamt leidenschaftlich und wünschten sich einen Mann, der sie mitriss. Er war mehr der Zahlen-, Daten-, Faktenmensch und somit nicht gefasst darauf, eine Frau mitzureißen.

Als ihm das bewusst wurde, fiel es ihm ab dann leichter, auf die Frauen einzugehen und zu verstehen, wieso er einen Korb bekommen hatte. Er verstand es nicht mehr als Angriff auf seine Person, sondern nahm es als Herausforderung, durch die Frauen auf den Dates eine andere Seite von sich kennenzulernen.

Wenig später lernte er eine tolle Frau kennen, die zwar genauso spontan und leidenschaftlich war wie die Frauen davor. Aber er konnte damit umgehen und entwickelte selbst eine gewisse Leidenschaft und Spontaneität. Dennoch blieb er organisiert und diszipliniert im Alltag, und das färbte sogar auf seine Partnerin ab. Auf diese Weise bereicherten die beiden sich gegenseitig und führen eine sehr ausgefüllte Beziehung.

Beziehung ist nichts, was wir planen können. Wir können wünschen, daran arbeiten, darüber sprechen und uns gemeinsam freuen und genießen.

Es kostet keine Kraft, es kostet Mut. Den Mut, über den eigenen Tellerrand hinauszuschauen und Meinungen und Sichtweisen zuzulassen, die uns aktuell noch fremd sind.

Ich hoffe, ich konnte dir in diesem Buch zeigen, wie viele verschiedene Arten von Beziehungen existieren. Grenzen gibt es nur in unserem Kopf. In einer Welt, in der uns diese Grenzen nicht mehr trennen, sondern verbinden, entfalten wir unser wahres Potential.

Wenn wir die Mauern zwischen uns niederreißen, entstehen Brücken der Empathie, des Verständnisses und des gemeinsamen Wachstums.

Lasst uns gemeinsam wachsen.

Nachwort

© Kai Steinkühler

Lieber Leser,

als Sexologin arbeite ich immer wieder erfolgreich mit Lola Sparks zusammen. Ich habe deshalb die Ehre, einige abschließende Worte zu diesem Buch zu formulieren.

Flirten und eine erfüllende Sexualität sind zwei Seiten derselben Medaille. Aus Flirten kann Sex werden. Und Sex gelingt dann besser, wenn man die Kunst der Kommunikation beherrscht. In diesem Buch lernst du, dich liebevoll in deiner ganzen Fülle anzunehmen und wie du dich von dort aus weiterentwickeln kannst.

Nachdem jede sexuelle Situation im Nichtsexuellen startet, ist Flirten die Voraussetzung, eine erotische Situation aktiv gestalten zu können. Ich empfehle dieses Buch meiner geschätzten Kollegin allen Männern! Es ermutigt, sich selbst zu erforschen, aus limitierenden Mindsets auszubrechen und Neues zu lernen. Ein Mann, der das tut, hat jedenfalls mehr Spaß und mehr Erfolg beim Flirten und beim Sex.

In diesem Sinn wünsche ich allen eine spannende und erkenntnisreiche Reise beim Lesen und viel Spaß beim Flirten!

Beatrix

Mehr von Beatrix Roidinger findest du hier: best-lover.de

Um noch mehr von Lola Sparks umfangreichem Datingwissen zu profitieren, schau dir gerne auch ihr erstes Buch an.

In „Die Kunst des Flirtens“ erlernst du nicht nur alles rund ums Flirten und Daten, sondern bekommst auch bewährte Methoden sowie einsteigerfreundliche Schritt-für-Schritt-Anleitungen an die Hand. Vermeide verbreitete Flirt-Fehler, die Männer nur allzu gern begehen.

Zusätzliche Tipps und Tricks, um noch bessere und schnellere Erfolge beim Flirten zu erzielen, erhältst du im dazugehörigen Workbook.

Liebe Leserin, lieber Leser,

hat Ihnen dieses Buch gefallen?
Ihr Feedback, Ihre Anregungen und Ihre Kritik bedeuten uns viel, denn sie helfen uns, unsere Bücher kontinuierlich zu verbessern.

Die Meinung und Zufriedenheit unserer geschätzten Leserinnen und Leser stehen im Mittelpunkt unseres Schaffens. Ihre Gedanken sind uns wichtig.

Zögern Sie daher nicht, uns zu kontaktieren und Ihre Gedanken mit uns zu teilen. Senden Sie uns einfach eine E-Mail an:
feedback@eulogiaverlag.de

Besuchen Sie auch gern unsere Verlagsseite und entdecken Sie weitere spannende Bücher unter:
www.eulogiaverlag.de

Wir sind gespannt auf Ihre Nachricht und freuen uns darauf, von Ihnen zu hören!

Herzlichst
Ihr **Eulogia Verlag**